DENN EINE NEUE ZEIT BEGINNT
Das Lesebuch für Advent, Weihnachten und Neujahr

Ein Ort in allen vier Winden,
ein Ort mit Tauben und Blinden – Bethlehem.
Ein Ort, so arm wie verloren,
mit verschlossenen Herzen und Toren – Bethlehem.
Ein Ort mit Gassen und Straßen,
in denen Flüchtlinge saßen – Bethlehem.
Ein Ort, mit Spöttern und Frommen,
ein Ort, wo wir alle herkommen – Bethlehem.
Ein Ort, wo wir alle hingehen,
das Kind in der Krippe zu sehen – Bethlehem.
Ein Ort, wo wir knien auf der Erden:
Gott will unser Bruder werden – Bethlehem.

Denn eine neue Zeit beginnt

Das Lesebuch für Advent, Weihnachten und Neujahr

Herausgegeben von
Hans Steinacker

R BROCKHAUS

Umschlaggestaltung: Ulrike Wewerke, Berlin
Satz: QuadroMedienService, Bergisch Gladbach-Bensberg
Druck und Bindung: Bercker, Graph. Betrieb, Kevelaer
ISBN 3-417-24745-4
Bestell-Nr. 224 745

INHALT

Ein Vorwort im August

August 2002: unerträgliche Hitze im Ruhrgebiet. Die Medien berichten über die Hochwasserkatastrophe in Tschechien, Österreich und den neuen Bundesländern. Und das alles in der heißen Phase des Wahlkampfes zum Bundestag. Ich fliehe in meine kühle Bibliothek, um Texte für eine neue Weihnachtsanthologie auszuwählen. Vorweihnacht im Hochsommer?

Alles Schnee von gestern, denke ich heute, wenn dieses neue Buch jetzt vor mir liegt. Schnee von gestern, im wahrsten Sinn des Wortes. Auch die unzähligen Texte, die ich gelesen, geprüft und verworfen habe. Texte, die von klirrender Kälte, Eisblumen an den Fensterscheiben, aber auch roten Triefnasen und weihnachtlichen Stimmungen erzählen, die heute der Vergangenheit angehören. Weihnachten als bürgerliches Refugium, beschaulich, behaglich, behäbig.

Was ist typisch an Weihnachten? Was lohnt sich einzufangen, zwischen zwei Buchdeckel zu pressen und aufzubewahren? Die wohlige Bratapfelatmosphäre, die Glühweinseligkeit der Weihnachtsmärkte, die aufgesetzte »Sei doch jetzt fröhlich«-Stimmung, auch angesichts genervten Verkaufspersonals?

Was bringt das große Geheimnis der Liebe Gottes von Weihnachten auf den Punkt? Es ist die Botschaft des Evangeliums, dass Gott in dem Kind in der Krippe sozusagen durch die »Hintertür von Bethlehem« (Martin Luther) zu uns, zu jedem Einzelnen in die Welt kommt. »Weihnachten?«, fragte der französische Schriftsteller Charles Péguy und stellte fest: »Die einzige interessante Geschichte seit eh und je.«

Hans Steinacker

Der Stern von Bethlehem
ist ein Stern in dunkler Nacht –
auch heute noch.

Edith Stein

Advent

Es wird nicht dunkel bleiben

Rembrandt; Verkündigung an Maria (Federzeichnung)

Worte der Propheten

Es wird nicht dunkel bleiben über denen, die in Angst sind.
Jesaja 8,23

Denn uns ist ein Kind geboren, ein Sohn ist uns gegeben, und die Herrschaft ruht auf seiner Schulter; und er heißt Wunder-Rat, Gott-Held, Ewig-Vater, Friede-Fürst; auf dass seine Herrschaft groß werde und des Friedens kein Ende auf dem Thron Davids und in seinem Königreich, dass er's stärke und stütze durch Recht und Gerechtigkeit von nun an bis in Ewigkeit. Solches wird tun der Eifer des Herrn Zebaoth. *Jesaja 9,5–6*

Es wird ein Reis hervorgehen aus dem Stamm Isais und ein Zweig aus seiner Wurzel Frucht bringen. Auf ihm wird ruhen der Geist des Herrn, der Geist der Weisheit und des Verstandes, der Geist des Rates und der Stärke, der Geist der Erkenntnis und der Furcht des Herrn. *Jesaja 11,1–2*

Und du, Bethlehem Efratha, die du klein bist unter den Städten in Juda, aus dir soll mir der kommen, der in Israel Herr sei, dessen Ausgang von Anfang und von Ewigkeit her gewesen ist. *Micha 5,1*

Ziele im Advent

Unruhestifter zurechtweisen,
Kleinmütige trösten,
Sich der Schwachen annehmen,
Gegner widerlegen,
Sich vor Nachstellern hüten,
Ungebildete lehren,
Träge wachrütteln,
Händelsucher zurückhalten,
Eingebildeten den rechten Platz anweisen,
Streitende besänftigen,
Armen helfen,
Unterdrückte befreien,
Gute ermutigen,
Böse ertragen
Und – ach – alle lieben!

Augustinus (354–430)

vorweihnachtszeit

unser tanz durch
küchenlandschaften
beschneit mit hirschhornsalz
unter zimtsternen
und duftend; –
mütter griffen in die
klaviatur der kuchenbleche; –
später dann:
unsre träume
behangen mit backwerk und
großer erwartung

Martin Jürgens

Advent

Nebellichter tasten
kalt über gelbe Fassaden
Stoffpuppen locken:
Kaufe früher
schenke froh

Hoch oben ein Stern:
Bitburger

René Peter

Advent

Sie schauen nach oben
und warten auf den,
der da kommt.
Doch von oben
kommt er nicht.
Vergebens schauen sie, indessen
hinter ihrem Rücken
der da kommen soll
kommt.

Friedrich Schwanecke

Und ratlos flackert der Lichterbaum

Alle Jahre wieder: Was passieren kann, wenn man sich entschließt, jedem nichts zu schenken

Es hat geklappt, dachte ich erstaunt, als wir das Weihnachtszimmer betraten: Nur der Baum in strahlendem Glanz begrüßte uns. Die vielen Päckchen und Pakete, die sonst darunter zu liegen pflegten, fehlten. Endlich hatten sich alle an die Absprache gehalten: In diesem Jahr gibt's keine Geschenke!

Ich musste ja nicht unbedingt verraten, dass ich nach langem Zögern doch etwas für jeden besorgt hatte. Man konnte ja nie wissen, ob nicht etwa Mama mit »einer Kleinigkeit« rausrückte und dann ganz traurig wäre, wenn ich keine Gegengabe hätte. Und Papa, dem Erfinder der Idee, war auch nicht zu trauen. Er hatte immer so lustige Einfälle und konnte dann nicht an sich halten. Marie, meine Schwester, lebte ohnehin in einem dauernden Schenkrausch, und Oma hatte die Vereinbarung wahrscheinlich gar nicht verstanden. Sie kannte Weihnachten seit 80 Jahren nur mit Liebesgaben.

Nun also endlich doch mal kein Fest der Warenübergabe und des Taxierens. Meine Sachen würde ich spätestens an Geburtstagen loswerden, und vielleicht kamen ja doch wieder Müllers herüber mit den üblichen gräulichen Geschenken. Dann wären die Eltern bestimmt froh, wenn wenigstens ich mit ein paar netten Sachen erwidern konnte. Onkel Hans hatte zwar auch hoch und heilig geschworen, es bei ein paar Küsschen für die Damen zu belassen. Aber eben die Damen! Die hatten es ihm so angetan, dass ihm geschenkloses Hereinschneien bestimmt gegen die Kavaliersehre ging.

Die Weihnachtsgeschichte war verlesen, das alljährliche Lied »Alle Jahre wieder« verklungen. Papa räusperte sich.

»Liebe Festgemeinde«, begann er; er hatte ursprünglich Pastor werden wollen. »Irgendwie hat mich in diesem Jahr die Geschichte vom Stall in Bethlehem besonders angesprochen. Dort war ja auch große Freude trotz der großen Not. Ganz ohne Gaben aber ging es selbst damals nicht ab. Und auch für uns ist natürlich allerlei Post gekommen. Die wenigstens können wir ja nun öffnen.« Und er zog einen ziemlich beladenen Teetisch aus dem Esszimmer herein.

Das Papier stapelte sich bereits bedenklich, als es klingelte. Ein Weihnachtsmann stand leicht schwankend vor der Tür: »Soll ich hier abgeben«, lallte er und ließ ein rundes Riesendings ins Zimmer plumpsen. Nach dem Entpacken rollte ein wundervoller Teppich vor uns aus. »Das ist kein Geschenk«, rief Papa. »Unsere zerschlissene Auslegeware hätte das Fest beschädigt. Und noch etwas Festliches steckt im Karton da. Mach mal auf, Marie!« Eine geschnitzte Krippe, wie sie sich Mama schon lange wünschte, kam zum Vorschein und wurde unterm Baum drapiert. »Du bist so gut, Gerd«, dankte Mama. »Zur Festlichkeit aber gehört vor allem ein fröhlicher Hausherr.« Und sie überreichte ihm eine Kiste seiner Lieblingszigarren, die sie wie die bestickten Pantoffeln hinter dem Baum versteckt hatte.

»Ihr Pharisäer!«, entrüstete sich nun Oma. »Ich habe es geahnt. Gerd hatte schon immer die blödesten Ausreden, wenn er sich um etwas rumdrücken wollte. Nur gut, dass wenigstens ich an die Kinder gedacht habe.« Aus ihrer sackartigen Handtasche förderte sie für mich in Zeitungspapier eingeschlagene Computerspiele, CDs und eine schnurlose Maus zu Tage. Für Marie hatte sie einen ganzen Stapel Bücher. Marie aber keuchte aus dem Flur und schwenkte triumphierend einen bunt geschmückten Strauch mit allerlei Päckchen daran. »Das ist auch nur zur Hebung der Fröhlichkeit«, verkündete sie neckisch.

Mittlerweile war ich natürlich auch nach draußen gestürzt

und holte meine unterm Bett gebunkerten Sachen. Als ich zurückrannte, kollidierte ich fast mit den Müllers, die schwer beladen in der Tür standen. »Das sind nur unsere Bettsachen«, log lachend Onkel Hans und quetschte sich mit den Seinen und ihren mindestens siebenmal sieben Sachen in die gute Stube. Während ich mich zu den Feiernden vorkämpfte und um Aufmerksamkeit für meine genialen Geschenke warb, kullerte aus den Betten der Müller-Familie allerlei Farbenfrohes und komplettierte das Schlachtfeld vor dem ratlos flackernden Lichterbaum.

»Oma soll ja nicht denken, dass sie allein an unsere Kinder gedacht hat«, rief nun Mama in den Trubel, kippte zusammen mit Papa den Tisch in der Ecke um und wies strahlend auf zwei Pyramiden darunter. Es handelte sich um aufwändig verschnürte kleine Fernseher, die Jubelschreie bei mir und Marie auslösten. Jetzt konnte uns Papa mit seinem Fußball nicht mehr das Programm versauen!

Wir fühlten uns wie an Ostern und Weihnachten zusammen und hörten nicht einmal die Türklingel. Die Gemeindeschwester kam herein: »Ich habe von eurem Pech in diesem Jahr gehört und für euch gesammelt, ihr Armen ...«, begann sie, zu mir und Marie gewandt. Dann stockte sie, starrte die Geschenkhalde an und ging offenen Mundes rückwärts hinaus. Zurück blieb ein halbes Dutzend Päckchen, auf die wir uns nun stürzten, während die Eltern zur Schenk-Gegenoffensive gegen die Müllers übergingen. Es gab kein Halten mehr. Der durch das vereinbarte Schenkembargo ausgelöste Stau entlud sich in einer Flut von Nippes, Tand und Gutscheinen.

Als sich die Bescherungseruption gelegt hatte, sank Papa erschöpft in einen Sessel. »Irgendwas«, sagte er matt, »ist schief gegangen. Vielleicht hilft es, wenn wir fürs nächste Mal versprechen, einander so viel zu schenken wie noch nie.«

»Frohe Weihnachten!«

Bernhard Schach

Freude an Geschenkoptionen

Eigentlich können sie einem Leid tun, jene abgehetzten und nervösen Zeitgenossen, die in diesen vorweihnachtlichen Tagen auf der Suche nach Spielzeugautos, Graupapageien, Parkplätzen und Pommes frites durch die Innenstädte hasten. Dabei wäre alles so einfach, wenn die Menschen sich nur die gesicherten wissenschaftlichen Erkenntnisse über die rationelle Organisation des Weihnachtsfestes zu Eigen machten.

Volkswirtschaftlich betrachtet sind vorweihnachtliche Verhaltensweisen wie etwa die Abwicklung der Weihnachtspost und die Beschaffung von Geschenken ganz normale Güterverteilungs- und Optimierungsprozesse, die wie jedes wirtschaftliche Handeln effizient zu gestalten sind. Gerade für die genannten vorfestlichen Handlungsabläufe hat das kürzlich gegründete »Kuratorium für die rationelle Gestaltung des Weihnachtsfestes (KRGW)« dieser Tage Vorschläge erarbeitet, die unser herkömmliches Weihnachtsverhalten auf eine wissenschaftlich begründbare Basis stellen sollen.

Seien wir doch ehrlich: Wer ist nach dem Ausfüllen von fünfzig und mehr Weihnachtskarten samt Kuvertierung und Adressierung (»Welche Postleitzahl hat Onkel Herbert?«) noch so fröhlich und friedlich gestimmt, dass er dem Adressaten wirklich von Herzen »fröhliche und friedliche Festtage« wünschen möchte, wie der Text auf der Karte ausweist? Sind solche mit heißer Nadel gestrickten Wünsche nicht pure Heuchelei?

Die Fachleute vom KRGW haben das Problem gelöst: Nur mit konsequentem Einsatz des häuslichen Heimcomputers kann die vorweihnachtliche Hetze besiegt und der daraus resultierenden Verarmung des Humansektors effektiv entgegengewirkt werden.

Mit der Bearbeitung der Weihnachtspost soll möglichst bereits ab Mitte Februar begonnen werden. Übers ganze Jahr verteilt können dann die Adressen von lieben Freunden und Verwandten in den Computer eingespeist werden. An einem exakt vorherbestimmten Tag unmittelbar vor dem Fest werden die Anschriften dann, sortiert nach Postleitzahlgebieten, auf praktischen Klebeetiketten automatisch ausgedruckt.

Der oft gebrauchte vorweihnachtliche Kartentext »... wünschen Euch Rudi, Anneliese und Kinder« braucht nicht zigmal monoton von Hand repliziert zu werden, sondern wird nur einmal in den Computer eingetippt. Deshalb darf der Festtagswunsch dann vielleicht etwas länger und persönlicher ausfallen.

Das KRGW hält den folgenden Text für besonders wirksam: »Liebe(r) ..., eigentlich haben wir dieses Jahr keine Weihnachtskarten verschickt, aber bei dir (euch) müssen wir einfach eine Ausnahme machen. Lass(t) euch (dich) gut beschenken und mach(t) euch (dir) ein paar schöne Tage. Liebe Grüße ...«

Ein solcher Text erfüllt alle Forderungen zeitgemäßer Marketing-Psychologie: Er spricht Ihre Verwandten und Bekannten gezielt an (appeal), hat eine stringente Botschaft (message) und macht den so Angesprochenen glücklich (happiness). Schließlich ist ja Weihnachten! Obendrein ist diese Methode kostengünstig und zeitsparend. Ein moderner Heimcomputer arbeitet hundert derartige Weihnachtswünsche in 2,4 Minuten ab. Und wie lange sitzen Sie dieses Jahr wieder mit roten Ohren über Ihren Weihnachtskarten?

Ähnliche Rationalisierungsvorteile lassen sich auch beim Austausch von Geschenken erzielen. Während im übrigen Geschäftsleben eine Einrichtung wie der bargeldlose

Geldverkehr schon zu einer Selbstverständlichkeit geworden ist, sind wir leider noch weit von der »geschenklosen Bescherung« entfernt. Gerade zu Weihnachten wird eine ungeheure Vielzahl von nutzlosen und teuren Warentransporten durchgeführt.

Drei von vier Geschenken, so weiß man heute, finden an den ersten beiden nachweihnachtlichen Umtauschtagen wieder den Weg zurück ins Kaufhaus. Eine geradezu skandalöse Verschwendung von ökonomischen Ressourcen!

Das KRGW fordert daher: Veranstalten Sie eine effiziente Bescherung – lassen Sie die Geschenke bis nach Weihnachten im Kaufhaus.

Statt der Überreichung von Geschenken wird der Austausch von Weihnachts-Geschenk-Optionen (WGOs) vorgeschlagen.

Eine Geschenkoption stellt eine privatschriftliche Absichtserklärung eines Bescherers dar, ein Geschenk in einem bestimmten Wert zu transferieren. Sie enthält neben dem entsprechenden Betrag den Namen des Bescherers und des Bescherten. Beispiel: Alfons überreicht Emma eine Geschenkoption im Wert von 40 Mark und erhält von Emma eine (Reziprok-)Option über 30 Mark. Nach der im familienüblichen Rahmen erfolgenden Überreichung der Geschenkoptionen ist dann der Differenzbetrag zwischen Option und Reziprokoption zu bestimmen (Taschenrechner!) und zugunsten des Meistbeschenkten (hier: Emma) zu valutieren. Praktisch ausgedrückt: Alfons stellt nunmehr zugunsten von Emma einen Scheck über 10 Mark aus, und mit diesem Scheck sucht Emma nach Weihnachten (!) ein Kaufhaus auf und kauft sich ein schönes Geschenk. Die Vorbereitungen zum Fest beschränken sich somit auf das Ausstellen der Geschenkoptionen, es gibt keine unnützen Wege und keinen Ärger über unpassende Geschenke, kurzum: Weihnachten macht wieder Spaß.

Wie viel Hetze und wie viele volkswirtschaftlich sinnlosen Waren- und Kapitaltransaktionen, die nur zu einer ungesunden Aufblähung des Bruttosozialprodukts führen, blieben uns erspart, wenn wir endlich vernünftig Weihnachten feierten! Statt »fröhlicher« Weihnachten sollen sich die Bundesbürger denn auch künftig nach dem Willen des KRGW »Effiziente Weihnachten« wünschen.

Alle Lichter zeugen von *dem* Licht

Alle Lichter, die wir anzünden, zeugen von dem Licht, das da erschienen ist in der Dunkelheit.

Friedrich von Bodelschwingh

Groß-Stadt – Weihnachten

Nun senkt sich wieder auf die heim'schen Fluren
die Weihenacht! die Weihenacht!
Was die Mamas bepackt nach Hause fuhren,
wir kriegens jetzo freundlich dargebracht.

Der Asphalt glitscht. Kann Emil das gebrauchen?
Die Braut kramt schämig in dem Portemonnaie.
Sie schenkt ihm, teils zum Schmuck und teils zum Rauchen,
den Aschenbecher aus Emalch glasé.

Das Christkind kommt. Wir jungen Leute lauschen
auf einen stillen heiligen Grammophon.
Das Christkind kommt und ist bereit zu tauschen
den Schlips, die Puppe und das Lexikon.

Und sitzt der wackre Bürger bei den Seinen,
voll Karpfen, still im Stuhl, um halber zehn,
dann ist er mit sich selbst zufrieden und im reinen:
»Ach ja, son Christfest is doch ooch janz scheen!«

Und frohgelaunt spricht er vom ›Weihnachtswetter‹,
mag es nun regnen oder mag es schnein.
Jovial und schmauchend liest er seine Morgenblätter,
die trächtig sind von süßen Plauderein.

So trifft denn nur auf eitel Glück hienieden
in dieser Residenz Christkindleins Flug?
Mein Gott, sie mimen eben Weihnachtsfrieden …
»Wir spielen alle. Wer es weiß, ist klug.«

Kurt Tucholsky

Ein Brief zum Thema Weihnachten

Status: Wie Weihnachten 2002 im Internet gezeigt hat, heißt jetzt Weihnachten nicht mehr Weihnachten, sondern X-mas, also muss der Weihnachtsmann auch X-man sein!

Da X-mas 2003 quasi schon vor der Tür steht, ist es spätestens ab September höchste Zeit, mit der Weihnachtsvorbereitung zu beginnen – Verzeihung: das diesjährige X-mas-Roll-Out zu starten und die X-mas-Mailing-Aktion just in time vorzubereiten.

Hinweis: Der Kick-off-Event (früher 1. Advent) für die diesjährige SAN-CROS (Santa Claus Road Show) findet bereits am 30. November 2003 statt. Daher wurde das offizielle Come-Together des Organizing Committees unter Vorsitz des XIO (X-mas Illumination Officer) schon am 6. Januar abgehalten.

Erstmals haben wir ein Projektstatus-Meeting vorgeschaltet, bei dem eine in Workshops entwickelte To-do-Liste und einheitliche Job-Descriptions erstellt wurden. Dadurch sollten klare Responsibility-Areas, eine powervolle Performance des Kunden-Events und optimierte Geschenk-Allocation kreiert werden, was wiederum das Service-Level erhöht, um – last but not least – »X-mas« als Brand name global zu implementieren.

Dieses Meeting diente zugleich dazu, mit dem Co-Head Global-X-mas-Markets (Knecht Ruprecht) die Ablauforganisation abzustimmen, die Geschenk-Distribution an die zuständigen Private-Schenking-Centers mit verantwortlichen Key-Account-Managern sicherzustellen und die Target-Groups klar zu definieren. Erstmals sollen auch so genannte Geschenk-Units über das Internet angeboten werden.

Die Service-Provider (Engel, Elfen und Rentiere) wurden

bereits via Conference-Call virtuell informiert und die Core-Competences vergeben.

Ein Bunch von Incentives und ein separater Team-Building-Event an geeigneter Location sollen das Motivationslevel pushen und gleichzeitig helfen, eine Uniform-Corporate-Culture samt Identity zu entwickeln.

Der Vorschlag, jedem Engel einen coach zur Seite zu stellen, wurde aus Budgetgründen zunächst gecancelt. Stattdessen wurde auf einer zusätzlichen Client-Management-Conference beschlossen, in einem Test-Sektor als Pilotprojekt eine Hotline (0,62 €/Minute Legion) für Short-Term-X-mas-Wünsche zu installieren, um den Added-Value für die Beschenkten zu erhöhen.

Durch ein ausgeklügeltes Management-Information-System (MIS) ist auch Benchmark-orientiertes Controlling für jedes Private-Schenking-Center möglich.

Nachdem ein neues Literaturkonzept und das Layout-Format von externen Consultants definiert wurde, konnte auch schon das diesjährige Goldene Buch (Golden Book Release 2003.1) erstellt werden. Es erscheint als Flyer, ergänzt um ein Leaflet und einen Newsletter für das laufende Updating. Hochauflagige Lowcost-Giveaways dienen zudem als Teaser und flankierende Marketing-Measure.

Ferner wurde durch intensives Brainstorming ein Konsens über das Mission-Statement gefunden. Es lautet »Let's keep the candles burning« und ersetzt das bisherige »Frohe Weihnachten«.

Santa Claus hatte zwar anfangs Bedenken angesichts des Corporate-Redesigns, akzeptierte aber letztlich den progressiven Consulting-Ansatz und würdigte das Know how seiner Investor-Relation-Manager.

In diesem Sinne: erfolgreiche X-mas-Preparations für das Jahr 2003.

Hans Bürki

Kampf dem Stress in der Vorweihnachtszeit

Hilfreiche Ratschläge

1. Setze dich hin, überlege und besprich mit anderen, warum wir Weihnachten feiern und warum wir schenken. Gott hat uns die größte Gabe geschenkt, seinen Sohn, unseren Erlöser. Er hat ihn uns nicht nur in die Krippe, sondern auch ans Kreuz gegeben. Die guten Weihnachtslieder künden die unauflösliche Einheit von Krippe, Kreuz und Krone des Herrn. Lass diese Einheit auch in deinem Leben gelten und wirken.

2. Wenn gefeiert wird, sorge dafür, dass Christus, die »Ursache ewiger Freuden«, im Mittelpunkt steht. Eine Weihnachtsfeier, die nicht zu neuer Umkehr und Freude verhilft, verfehlt ihren Sinn.

3. Wenn geschenkt wird, dann setze dich hin und schreibe auf, warum du wem was schenken willst. Sorge dafür, dass Christus als Urheber allen Schenkens deutlich wird. Schreibe einen persönlichen Brief dazu, lege ein Heft oder ein Buch bei, das von der Gabe Gottes spricht.

4. Setze den 15. Dezember als letzten Termin deiner Vorbereitungen. Was bis dahin nicht gebacken, gebastelt, geschrieben, verpackt und versandt ist, lass endgültig liegen. Vermeide Letzte-Minuten-Einfälle und -Einkäufe. Sie erhöhen nur die allgemeine Spannung und machen dich für die erwünschte Besinnung unfähig.

5. Höre auf, deinen Bekannten- oder Kundenkreis mit Weihnachts- und Neujahrskarten zu überschwemmen.

6. Lade dir im Dezember keine zusätzlichen Verpflichtungen auf. Entziehe dich dem glitzernden Zwang zum Kaufenmüssen.

7. Lass dich nicht täuschen, Essen und Trinken allein erzeugen keine Festlichkeit. Wirkliches Feiern braucht Herz und Zeit, und beides kann nicht gekauft werden. Da sind Adventssonntage in der Familie. Eine gemeinsame Stunde will ruhig und sorgfältig vorbereitet sein. Was sollen wir singen und spielen, was lesen, welche Fragen bedenken, wie lange, zu welcher Stunde? Wo man gelöst und zeitlich unbedrängt zusammen weilt, kann die seltene Gnade einer wahren Feierstunde uns im Tiefsten berühren, prägen und verwandeln.

8. Und der Weihnachtsabend? Der Vater oder die Mutter hat lange zuvor eine Weihnachtsgeschichte gesucht zum Vorlesen, besser noch zum freien Erzählen. Auch einige Lieder sind eingeübt worden. Jemand liest den Weihnachtsbericht in der Bibel, jemand betet oder alle tun es zusammen.

9. Was immer du tust an Weihnachten, lass die Feier für dich und dein Haus Früchte tragen. Versöhne dich, stifte Frieden zwischen anderen, übertrage die Weihnachtsfreude in den Alltag durch neue Freude im täglichen Stillewerden vor Gott.

10. Gib dich selber, von deiner Zeit und deinem Herzen und deinem Gott für Einsame oder Arme oder Kranke oder alte Menschen, die du kennst oder nicht kennst. Trage auf neue Weise Christus, den Erlöser, zu ihnen. Gib dich selber deinem »Friedefürsten«, wie er sich dir gegeben hat, als neue Bestätigung dieser Weihnacht.

Plädoyer für Weihnachten

Unsere reiche Welt
hat Weihnachten für sich in Anspruch genommen
und Jesus ausquartiert.
Weihnachten wurde zur Poesie,
zur freundlichen Atmosphäre eines Festes,
zum gegenseitigen Sichbeschenken,
zur Symbolik von Licht, Sternen und Liedern,
zum besten Geschäft des Jahres …
Und wer denkt an Jesus?
Er kam in sein Eigentum,
aber die Seinen nahmen ihn nicht auf.
Es war kein Platz für ihn in der Herberge –
nicht einmal an Weihnachten.
Wie gerne würde ich ein Werk gründen,
das den Sinn von Weihnachten erschließt.
Ich möchte die schönsten Karten drucken,
die wertvollsten Figuren herstellen lassen,
ich würde Gedichte schreiben,
aus Vergangenheit und Gegenwart Lieder sammeln,
für groß und klein Bücher illustrieren,
Drehbücher schreiben
für Filme und Theaterstücke.
Es schmerzt, wenn man erlebt,
wie am Weihnachtsfest festgehalten,
das Kind aber abgelehnt wird.
Lassen wir wenigstens in unseren Häusern
sichtbar werden, wer geboren wurde,
und bereiten wir ihm ein Fest wie nie zuvor.

Chiara Lubich

Wer nach Bethlehem gehen will

Wer nach Bethlehem fliegen will
in den Stall
und wer meint,
dort ist auf jeden Fall
der Frieden billig zu kriegen,
der sollte woanders hin fliegen.

Wer nach Bethlehem reisen will
zu dem Sohn
und wer glaubt,
dort ist die Endstation
mit Vollpension für die Seelen,
der sollte was anderes wählen.

Wer nach Bethlehem gehen will
zu dem Kind
und wer weiß,
dass dort der Weg beginnt,
ein jedes Kind nur zu lieben,
der könnte es heute schon üben.

Hildegard Wohlgemut

Gottes Sohn wurde Mensch,
damit der Mensch seine Heimat habe
in Gott.

Hildegard von Bingen

Weihnachten

Die Hintertür von Bethlehem

Rembrandt; Anbetung der Hirten (Radierung)

Weihnachtswünsche

Wir bitten Gott den Allmächtigen
er möge uns behilflich sein:
dass wir Weihnachten nicht
wie Karneval feiern,
dass wir das Wunder von Bethlehem nicht
mit einem Musical plus Domführung
plus Reeperbahn plus Hafenrundfahrt
und Rhein in Flammen verwechseln,
sondern dass wir die Stille und das Heilige,
nicht nur in der Nacht neu entdecken –
unser kleines und endliches Sein spüren,
aber mit Jesus Christus
gleichsam neu auf die Welt kommen,
auch wenn wir schon betagt sind.
Große Freude ist uns verkündigt worden,
soll in uns leben.
Erbarmen und Zuversicht werden uns begleiten,
Christus ist unter uns, urjung und uralt,
Freiheit und Erlösung als Geschenk.

Hanns Dieter Hüsch

Walter Jens

Und ein Gebot ging aus

Es war die Zeit – verehrter Herr!
          Bruder Theophilus, mein Freund,
als Kaiser Augustus allen Einwohnern des Reiches befahl,
sich überall im Land eintragen zu lassen,
wer einer sei und was er verdiente.
Es war die erste Zählung dieser Art;
sie wurde durchgeführt,
als Quirinius Statthalter in Syrien war,
und alle brachen auf, um sich eintragen zu lassen:
Jeder ging in seine Heimatstadt,
darunter auch Joseph:
Der zog von Galiläa, aus der Stadt Nazareth,
nach Judäa hinauf,
in die Stadt Davids, die Bethlehem heißt;
denn er stammte aus Davids Haus
und wollte sich eintragen lassen,
zusammen mit Maria, die seine Braut war
und ein Kind erwartete.

Es war in Bethlehem,
als für sie die Zeit der Niederkunft kam
und sie ihren ersten Sohn gebar:
Sie wickelte ihn in Windeln
und legte ihn in eine Krippe im Stall,
          denn im Haus war keine Bleibe für sie.
In ihrer Nähe aber waren in dieser Nacht Hirten
                                        auf dem Feld
und hielten Wache bei ihren Herden.

Da stand auf einmal ein Engel des Herrn neben ihnen,
Gottes Glanz umleuchtete sie,
und die Hirten ängstigten sich sehr.
Aber der Engel sagte zu ihnen:
»Habt keine Furcht!
Seht, ich verkündige euch,
dass eine große Freude bald das ganze Volk erfüllen wird,
denn heute wird euch, in der Stadt Davids,
der Retter geboren;
euer Herr, der Messias.
Und dies ist ein Zeichen für euch:
Das Kind! Ihr werdet ein Kind finden,
das, in Windeln gewickelt, in der Krippe liegt.«

Da standen neben dem Engel
die Scharen des himmlischen Heers;
sie priesen Gott und riefen:
»In den Himmeln: Gottes Macht!
Licht! Und Herrlichkeit!
Auf der Erde: Gottes Frieden!
Frieden allen, die er liebt!«
Und als die Engel in den Himmel heimgekehrt waren,
sagten die Hirten:
»Kommt, wir wollen nach Bethlehem gehen,
um zu sehen, was der Herr geweissagt hat«,
und sie brachen auf, in der Nacht,
und fanden Maria und Joseph und das Kind,
das in der Krippe lag.
Und als sie es sahen, erzählten sie,
was ihnen gesagt worden war,
von diesem Kind,
und alle, die es hörten, staunten über die Worte der Hirten;
Maria behielt sie im Herzen
und bedachte alles, was geschehen war.

Die Hirten aber kehrten zurück,
priesen Gott und dankten ihm;
denn sie hatten gehört und gesehen:
Es ist alles, wie uns gesagt worden ist.

(nach dem Evangelium des Lukas)

Jauchzet, frohlocket

Jauchzet, frohlocket,
auf, preiset die Tage.
Rühmet, was heute
der Höchste getan.
Lasset das Zagen,
verbannet die Klage,
stimmet voll Jauchzen
und Fröhlichkeit an.
Dienet dem Höchsten
mit herrlichen Chören.
Lasst uns den Namen
des Herrschers verehren.

*Aus dem Weihnachtsoratorium von
Johann Sebastian Bach*

Tagebucheintrag

Gott, der die Wahl unter so vielen Nationen hatte, um Mensch zu werden, hat die Juden erwählt. Vielleicht hätten wir anders gehandelt, wenn wir diese Frage zu entscheiden gehabt hätten. Statt Bethlehem hätte unsere Weisheit beispielsweise Athen auserkoren. Ein griechischer Erlöser wäre uns genehm gewesen, der im Schatten der Akademie gewandelt wäre und gescheite Schüler voller Würde unterrichtet hätte. Aber ein Jude, großer Gott! Was dachtest du dir dabei? Für Reklamationen ist es zu spät. Die Erlösung ist vollbracht, wenn wir selig werden wollen, wäre es ratsam, auf Knien das Herz eines Juden namens Jesus anzurufen. Denn so groß Athen und Rom sein mögen – es wird uns weder ein feinsinniger Grieche noch ein rechthaberischer Lateiner richten, sondern ein Jude, den man eines Tages über seine Vaterstadt hat weinen sehen (Lukas 14,41).

Julien Green (30. März 1949)

Der Heiland

Immer wieder wird er Mensch geboren,
Spricht zu frommen, spricht zu tauben Ohren,
Kommt uns nah und geht uns neu verloren.

Immer wieder muss er wirksam ragen,
Aller Brüder Not und Sehnsucht tragen,
Immer wird er neu ans Kreuz geschlagen.

Immer wieder will sich Gott verkünden,
Will das Himmlische ins Tal der Sünden,
Will ins Fleisch der Geist, der ewige, münden.

Immer wieder auch in diesen Tagen,
Ist der Heiland unterwegs, zu segnen,
Unsern Ängsten, Tränen, Fragen, Klagen

Mit dem stillen Blicke zu begegnen,
Den wir doch nicht zu erwidern wagen,
Weil nur Kinderaugen ihn ertragen.

Hermann Hesse

Es müssen nicht Männer mit Flügeln sein

Es müssen nicht Männer mit Flügeln sein,
die Engel.
Sie gehen leise, sie müssen nicht schrein,
oft sind sie alt und hässlich und klein,
die Engel.

Sie haben kein Schwert, kein weißes Gewand,
die Engel.
Vielleicht ist einer, der gibt dir die Hand,
oder er wohnt neben dir, Wand an Wand,
der Engel.

Dem Hungernden hat er das Brot gebracht,
der Engel.
Dem Kranken hat er das Bett gemacht,
und er hört, wenn du ihn rufst, in der Nacht,
der Engel.

Er steht im Weg und er sagt: Nein,
der Engel.
Groß wie ein Pfahl und hart wie ein Stein –
es müssen nicht Männer mit Flügeln sein,
die Engel.

Rudolf Otto Wiemer

Johannes Kuhn

Glauben Sie an Engel?

Ich hatte den Zug verpasst und wusste, dass es eine ganze Zeit dauern würde, bis ich wieder Anschluss finden konnte.

Im Wartesaal war ich zunächst ein bisschen unschlüssig, wohin ich mich setzen sollte. Schließlich entschied ich mich für einen Tisch in der Ecke und ließ mich dort nieder. Draußen zog ein winterlicher Sturm auf. Es heulte nur so ums Bahnhofsgebäude herum. Vielleicht war es dies, was meinen Nachbarn am Tisch dazu brachte, nach einigem Räuspern mit mir ein Gespräch anzufangen und schließlich seine Geschichte zu erzählen:

»Es ist ein paar Jahre her, dass ich nach ziemlich anstrengenden Wochen in den Spessart fuhr, um mal so richtig auszuschnaufen. Mit dem D-Zug bis Frankfurt und dann von da aus mit dem Personenzug Richtung Aschaffenburg, hinauf in den Spessart. Schon in der Nacht vom 23. auf den 24. Dezember war es kälter geworden, und am 24. morgens fing es an zu schneien.

Von Frankfurt an waren einige Leute mit mir im Abteil zusammen. Zunächst beteiligte ich mich nicht an ihren Gesprächen. Aber später – man konnte gar nicht anders – gab ein Wort das andere. Und so erfuhr ich manches von dieser schönen Spessartgegend.

Von Station zu Station wurden es weniger, die mit uns fuhren. Zuletzt waren außer mir nur noch zwei Leute im Abteil. Und als ich mich erkundigte wie lange es noch dauern würde, da sagten sie mir: ›Nun, so ungefähr 15 bis 20 Minuten, dann sind Sie da.‹ Als die beiden ausstiegen, wandte sich einer noch einmal um und sagte: ›Also, wenn der Zug wieder hält – bei der nächsten Station –, dann müssen Sie aussteigen!‹

Der Zug fuhr weiter und ich war nun sehr gespannt darauf, was mich da erwarten würde. Vorsichtshalber zog ich mir den Mantel an und machte mich fertig, um gleich bereit zu sein, wenn der Zug hielt. Und es dauerte auch nicht lange, da ruckte er plötzlich – und stand. Ich öffnete die Tür – noch immer dichtes Schneetreiben. Ich schaute nach unten. So ein kleiner Bahnhof wird nicht viel Bahnsteig haben, dachte ich. Ich kletterte runter, einen Koffer in der Hand, eine Handtasche über der Schulter und als ich mich ein wenig orientieren wollte, ruckte der Zug wieder an und fuhr los. Ich schrie: ›Halt, halt! Ich muss noch mit! Hier ist ja gar kein Bahnhof!‹ Aber der Zug war schon so im Rollen, dass ich nicht mehr aufspringen konnte. Da stand ich nun und sah nur noch die roten Lichter verschwinden. Na, zuerst einmal habe ich geschimpft: ›So ein Blödsinn, hier in der Nacht auszusteigen!‹ Aber schließlich war ich derjenige, der sich zu genau an die Formulierung gehalten hatte: ›Beim nächsten Halten müssen Sie schnell aussteigen – der Zug hält nur kurz!‹ Ein bisschen verstört war ich schon. Was sollte ich jetzt machen? In dem Schneetreiben war weit und breit kein Licht zu sehen.

Ich stapfte durch den Schnee. Immer an den Gleisen entlang. Es läuft sich gar nicht so einfach, wenn man von Schwelle zu Schwelle Schritte macht. Und schon gar nicht balanciert es sich gut auf den vereisten Schwellen. Dabei musste ich ja immer noch ein Ohr sozusagen nach hinten haben, um einen eventuell kommenden Zug nicht zu überhören. Zuerst ging's ja noch. Aber das Gewicht des Koffers wurde schwerer. Immer häufiger musste ich eine Verschnaufpause einlegen. Wenigstens wurde es nun mit dem Schneetreiben besser. Bald hörte es ganz auf und ich konnte wenigstens einige Konturen erkennen. Rechts und links Felder, die begrenzt waren von den dunklen Wäldern. Jetzt riss sogar der Himmel auf und Mondschein huschte über den Schnee. In seinem Licht sah ich, gar nicht weit entfernt, einen Viadukt. Na, dachte ich, dort muss doch irgendeine Straße sein.

Plötzlich blieb ich wie angewurzelt stehen. Denn aus dem Schatten hatte sich eine Gestalt gelöst und war ein paar Schritte in das Mondlicht getreten, so dass ich sie nicht übersehen konnte. Ich erschrak. Was macht der hier um diese Zeit? Was hat der vor? Ich blieb stehen und rief die Gestalt an: ›Hallo, wer sind Sie?‹ Und ich habe meine kleine Geschichte in die Nacht hinausgerufen zu ihm hin: ›Ich bin hier zu früh ausgestiegen und laufe jetzt schon eine ganze Zeit die Schienen entlang. Ich möchte nach H. Können Sie mir helfen? Bitte!‹

Keine Antwort. Aber die Gestalt rührte sich auch nicht vom Fleck. Hatte ich mich vielleicht doch getäuscht? War's nur irgendein Strauch, ein bisschen bizarr überzuckert vom Schnee, der mit seinem Schattenwurf einer Gestalt glich? Ich ging ein paar Schritte weiter. Da bewegte sich der Schatten, kam den Bahndamm herunter – jetzt wusste ich, es war ein Mensch in dieser weiten Einsamkeit. In dieser Nacht, wo eigentlich der Mensch dem Menschen nicht fremd sein sollte. Ich rief ihn wieder an: ›Bitte, helfen Sie mir!‹ Noch immer keine Antwort. Aber die Gestalt blieb stehen. Nun konnte ich auch beim Näherkommen einen Mann erkennen mit einem tief ins Gesicht gezogenen Hut und in einen Lodenmantel gekleidet. ›Ich bitte Sie um Verzeihung, wenn ich Sie gestört habe. Aber ich bin in einer blöden Situation und brauche dringend Hilfe. Seien Sie so freundlich und zeigen Sie mir den Weg nach H.‹

Ich machte noch ein paar Schritte auf ihn zu und stellte dann stumm meinen Koffer vor ihm nieder. Ich schaute das Gesicht eines Mannes an – er mochte um die vierzig herum sein –, ein verkniffenes Gesicht, und ich wiederholte meine Bitte. Er brummte etwas in sich hinein, nahm meinen Koffer auf, und so gingen wir zunächst einmal vom Bahndamm weg zu der Straße hin, die über den Viadukt führte.

In meiner Freude, jemanden gefunden zu haben, sprudelte ich nur so heraus: ›Was bin ich Ihnen dankbar, dass Sie hier waren. Sie schickt der Himmel! Ich weiß nicht, ob ich das bis nach H. geschafft hätte, allein auf den Gleisen entlang. Ein Glück, dass ich Sie getroffen habe! Damit hätte ich kaum zu rechnen gewagt!‹

Er sagte noch immer nichts. Mir wurde langsam unheimlich. Nur immer so ein Brummen: ›Hm, hm, hm‹, und: ›Da lang!‹ Nun, ich wollte sein Schweigen respektieren und sagte auch nichts mehr. Und so gingen wir hintereinander her.

Nach ein paar hundert Metern kamen wir um eine Straßenkurve, und da stand abgestellt ein Auto. ›Ist wohl Ihres‹, sagte ich. Und er nickte mit dem Kopf. Wir öffneten den Kofferraum des Wagens, er legte mein Gepäck hinein, und mit einer Handbewegung, wiederum ohne etwas zu sagen, öffnete er die Tür neben dem Fahrersitz und ließ mich Platz nehmen. Er setzte sich ans Steuer, ließ den Wagen an, und dann fuhren wir auf der verschneiten Straße langsam voran.

Plötzlich, ganz unvermittelt, fragte er mich: ›Glauben Sie an Engel?‹ Ich war ganz perplex – nach so langem Schweigen, nach so viel Zurückhaltung jetzt solch eine Frage. ›Ja, schon‹, erwiderte ich. ›An so einem Abend, da ist einem das ja auch viel näher als sonst. Jetzt, wo da und dort die Weihnachtsgeschichte gelesen wird, von den Hirten und Engeln …‹ Ich weiß nicht, was ich noch alles hinzufügte. Plötzlich unterbrach er mich und vertiefte seine Frage von vorhin: ›Glauben Sie an Engel – heute?‹ – ›Ich weiß nicht recht‹, sagte ich, ›Engel heute?‹ Zögernd sagte ich das, spürte aber wohl, dass er auf mehr wartete. Und ich fuhr fort: ›Ja, Engel heute – wissen Sie, vielleicht so, dass wir es gar nicht mehr merken, weil sie uns nicht in jener Lichtgestalt begegnen wie damals auf den Feldern von Bethlehem. Es mag schon sein, dass mancher da einem Engel begegnet. Etwas, was ihn bewahrt. Oder was ihn führt. Oder …‹

Da platzte er plötzlich heraus: ›So einer sind Sie für mich heute! Sie werden das kaum glauben!‹

›Ich? Wieso …?‹, fragte ich zurück. Und dann erzählte er – zunächst zögernd, dann immer ausführlicher. ›Ich bin heute an die Bahnlinie gefahren, habe mein Auto dort hingestellt – und wollte mich umbringen. Ich hielt es einfach nicht mehr aus, das Leben. Ich lebe allein, müssen Sie wissen, und war heute an so einem Tiefpunkt angelangt, dass ich gedacht habe: Mach doch einfach Schluss!‹ Und dann sprach er davon, was ihn alles dazu gebracht hatte, diesen Entschluss zu fassen. Und er endete damit: ›Dann kamen Sie – gerade im richtigen Augenblick für mich. Und – merkwürdig – Sie riefen mich an, dass ich Ihnen helfen soll. Mich, der entschlossen war, Schluss zu machen!‹ Und er schüttelte den Kopf, so, als könnte er noch immer nicht glauben, was ihm widerfahren war: ›Mir, am Heiligen Abend – ein Engel begegnet!‹ Und zum ersten Mal sprach er von Gott und sagte: ›Hat der liebe Gott mich doch nicht im Stich gelassen!‹

Viel haben wir hinterher nicht mehr geredet. Er fuhr mich bis zu dem Ort und ließ mich dann am Marktplatz aussteigen, zeigte mir die Richtung, wo der Gasthof war, stieg wieder in sein Auto und rief: ›Danke! Sie glauben gar nicht, wie dankbar ich Ihnen bin!‹ – und fuhr davon. Den Heiligen Abend werde ich mein Leben lang nicht vergessen. Manchmal denke ich, auf welch seltsame Weise Wege ineinander verschlungen sind und Begegnungen stattfinden, die man sich nicht ausgesucht hat. Und ich denke an ihn, diesen etwa Vierzigjährigen, der in die Nacht davonfuhr. Aber es war die Nacht, in der Menschen einander zusingen: ›Christ, der Retter, ist da!‹« –

Diese Geschichte erzählte mir mein Tischnachbar, damals, im Wartesaal, als ich meinen Zug verpasst hatte. Es ist schon Jahre her, aber ich kann sie nicht vergessen.

Hans-Heinrich Strube

Ein seltsamer Weihnachtsengel

Über der Tür zur Wohnstube meiner Eltern hing früher, als ich noch ein Kind war, ein Holzbrettchen mit Blumen darauf und einem Spruch. Der hieß: »Gastfreundlich zu sein vergesset nicht, denn dadurch haben manche ohne ihr Wissen schon Engel beherbergt«, und darunter stand ganz klein: Hebräer 13, Vers 2.

Wir Kinder wussten damals nicht, was der Spruch zu bedeuten hatte, und wir machten uns auch keine Gedanken darüber. Wir wussten nur, dass er sehr alt war und schon bei unseren Großeltern über der Stubentür gehangen hatte. Erst heute, viele Jahre später, muss ich oft an eine Geschichte denken, die genau zu dem Spruch passt. Es ist die Geschichte vom seltsamen Weihnachtsengel, und ich will sie euch genau so erzählen, wie ich sie als Kind erlebt habe:

Es war am letzten Tag vor Weihnachten, am Heiligen Abend, kurz vor der Bescherung. Wir Kinder saßen um den großen Küchentisch unter der Lampe und würgten aufgeregt unsere letzten Bissen Brot hinunter.

»Erst wird gegessen«, sagte Mutter, »und danach gehen wir in die Weihnachtsstube.«

So war es jedes Mal am Heiligen Abend, und immer wieder waren wir so aufgeregt, dass wir kaum essen konnten. Plötzlich klopfte jemand gegen die Haustür. Mutter sah auf. »Na, wer kommt denn jetzt noch, so kurz vor der Bescherung?«, sagte sie und ging zur Haustür. Draußen stand ein alter Mann, ein Landstreicher, wie es schien. Vater war gerade in die Weihnachtsstube gegangen.

»Ich will mal nachsehen, ob der Nikolaus schon fertig ist«, hatte er gesagt; das tat er immer, bevor er uns hineinrief. Und nun kam dieser Fremde dazwischen. Er bat bescheiden darum, sich am Ofen etwas aufwärmen zu dürfen. Wir wussten genau, dass Mutter ihn niemals abweisen und mit uns zur Bescherung gehen würde. Sie würde ihn auch nicht allein in der Küche sitzen lassen. Das steigerte unsere Ungeduld. Und was wir befürchtet hatten, trat auch ein: Mutter ging in die Speisekammer, holte Brot und Wurst, bereitete dem Fremden ein Abendbrot und schenkte ihm heißen Glühwein ein.

»Lassen Sie es sich gut schmecken«, sagte sie freundlich zu dem Alten. Der hatte inzwischen seine schneenasse Jacke ausgezogen, sie neben sich auf einen Stuhl gelegt, hatte sich mit dem Rücken gegen den warmen Kachelofen gelehnt und fing nun an, in Ruhe sein Abendessen zu verzehren. Mutter sah uns unsere Ungeduld an.

»Es ist noch lange Abend, Kinder«, sagte sie, »geht ruhig noch ein bisschen ins Kinderzimmer und spielt dort. Ich rufe euch, wenn es soweit ist.« Aber zum Spielen hatten wir jetzt überhaupt keine Ruhe und auch keine Lust.

Dann sahen wir schon lieber dem Landstreicher zu, wie er sich ab und zu seine roten Hände an der Hose abwischte, mit dem Taschenmesser langsam ein Stückchen nach dem anderen vom Brot abschnitt, es mit zittrigen Fingern in den fast zahnlosen Mund schob und gemächlich darauf herumkaute, bis es weich genug war, um es dann hinunterzuschlucken. Mutter schenkte ihm ein zweites Glas Glühwein ein, das er lächelnd und nickend entgegennahm, vorsichtig da-ran schlürfte und es vorsichtig neben sich auf den Ofensims stellte. Mutter setzte sich zu uns an den Tisch, nahm den Korb mit Stopfwäsche auf den Schoß und begann, ein Stück nach dem anderen zu untersuchen, hier einen Knopf anzunähen, dort ein Loch zuzustopfen oder einen Flicken aufzunähen.

»Ich glaube, ich muss jetzt weiter«, sagte der Fremde nach ungefähr einer halben Stunde, die uns wie drei Stunden vorgekommen war. Dabei schaute er auf die große weiße Küchenuhr über der Tür.

»Wärmen Sie sich ruhig erst richtig auf«, sagte Mutter, »Ihre Jacke ist ja noch ganz nass. Der Heilige Abend läuft uns nicht weg, und Sie stören uns durchaus nicht.«

Draußen hatte es wieder stärker angefangen zu schneien. Aber nicht so, wie man sich ein weißes Winterschneegestöber vorstellt, nein, dicke, nasse Flocken wurden vom Tauwind gegen die Fenster geworfen und rutschten an der Scheibe herab, wobei sie sich langsam in Wasser auflösten. »So können Sie nicht hinaus auf die Straße«, sagte Mutter, »Ihre Jacke ist ja noch nicht trocken, und draußen regnet es mehr, als es schneit. Wenn Sie möchten, können Sie bei uns bleiben. Wir haben zwar kein Bett frei, aber auf dem Sofa hier in der Küche können Sie schlafen, hier stört Sie keiner.«

Der Alte wehrte mit beiden Händen dankend ab. »Ich komme schon unter, ich hab da meine Plätze«, sagte er und griff nach seiner halbtrockenen Jacke. Mutter half ihm hinein. Dann verabschiedete er sich.

»Vergelt's Gott«, sagte er, nickte noch einmal grüßend zu uns Kindern herüber und ging auf den Flur hinaus. Als die Haustür zufiel, sprangen wir erleichtert auf. »Gehen wir jetzt?«, rief ich, aber Mutter hob die Hand. »Nicht zu stürmisch«, mahnte sie, »erst muss Vater kommen und uns rufen.«

An Vater hatten wir gar nicht mehr gedacht. Er war in der Zwischenzeit im Stall gewesen, hatte den Kühen und Pferden noch etwas Futter vorgeworfen und nachgesehen, ob alle Türen von innen richtig verriegelt waren. Aber dann war es doch endlich soweit. Die Tür zur Weihnachtsstube wurde geöffnet, und wir standen vor dem Lichterbaum, der wie in jedem Jahr wieder mit Engelshaar und Lametta überzogen war. Beim Singen schielten wir schon unter den Christbaum. Alle Geschenke waren mit einem Bettlaken zugedeckt. Man konnte nur vermuten, was darunter stand. Nach dem Singen las Vater – wie in jedem Jahr – die Weihnachtsgeschichte vor. Wir konnten sie beinahe auswendig, aber dennoch kam sie uns in jedem Jahr wieder neu vor. Sie schloss mit den Worten: »Die Hirten aber kehrten um und lobten Gott für alles, was sie gehört und gesehen hatten.«

Nun durften wir auch sehen, was unter dem Laken versteckt war. Ich bekam eine Dampfmaschine, meine große Schwester einen Küchenherd mit Töpfen und Pfannen und meine kleine Schwester eine Puppe, die auf den Knien durch die Stube krabbeln konnte, wenn man sie aufzog.

Den Alten in der nassen Jacke hatten wir längst vergessen. Nur als plötzlich ein kräftiger Windstoß um die Hausecke fegte und dicke kalte Tropfen gegen die Fensterscheiben schleuderte, da sagte unsere Mutter leise: »Wo er nun wohl sein mag? Ob er eine Unterkunft gefunden hat?«

»Das hat er sicher«, sagte Vater, »die kennen ihre Plätze.« Das beruhigte uns.

Ich will jetzt nicht von diesem Heiligen Abend weitererzählen, sondern will ein Jahr überspringen.

Wir saßen wieder in der Küche am Abendbrottisch, genau wie im Jahr zuvor. Und als Mutter gerade den Tisch abräumen und Vater in die gute Stube gehen wollte, um nachzusehen, wie weit der Nikolaus inzwischen sei, da klopfte jemand an die Haustür. Wieder stand der Alte da mit seinen rotgefrorenen Händen, diesmal in einem langen dunkelgrauen Mantel, den ihm jemand mitleidig geschenkt hatte. »Unser Weihnachtsengel ist wieder da«, rief Mutter und sah aus wie jemand, der unverhofft nach langer Zeit einen lieben Bekannten wiedersieht. Alles wiederholte sich nun wie im letzten Jahr: das Brotemachen, das langsame Kauen, unser Warten, das Glühweintrinken und das bescheidene Verabschieden, denn er wollte auch diesmal nicht bleiben. Entweder fürchtete er, den Familienfrieden zu stören, oder er hatte überhaupt Angst, in festen Häusern oder sauberen Betten zu schlafen.

»Wir haben uns alle gefreut, Sie wiederzusehen«, sagte Mutter beim Abschied zu ihm, und das war keine bloße Redewendung, sondern ihre ehrliche Meinung. Dann wandte sie sich uns Kindern zu.

»Ihr nicht?«, fragte sie, »freut ihr euch nicht, dass er wiedergekommen ist? Es hat ihm gefallen bei uns, sonst wäre er nicht wiedergekommen.«

Wir nickten, und es war uns, als sei diesmal unsere Ungeduld während seiner Anwesenheit lange nicht so groß gewesen wie im letzten Jahr.

So ging es weiter, drei oder vier oder gar fünf Jahre lang. Jedes Mal am Abend vor Weihnachten saß der Alte in unserer Küche am Ofen, wärmte sich, aß sich satt und trank seinen Glühwein. Er erzählte uns nie, woher er käme oder wohin er ginge. Vielleicht wusste er das selbst nicht so recht. Er wusste nur, dass er an jedem 24. Dezember gegen Abend bei uns einkehren durfte. So gehörte er allmählich mit zur Familie, jedenfalls zur Weihnachtsfamilie.

Und dann geschah es, dass wir wieder einmal um den Tisch saßen, um das Abendbrot vor dem großen Fest zu essen. Wir waren älter geworden und darum auch nicht mehr ganz so neugierig und ungeduldig wie früher. Mutter war gerade dabei, den Glühwein einzuschenken, da sagte meine kleine Schwester plötzlich: »Kommt er diesmal nicht?«

Wir sahen uns an und hatten alle das gleiche Bild vor Augen: den Alten am Ofen, die nasse Jacke neben sich und auf den Knien den Teller mit den Mettwurstbroten.

Und wir alle wurden ein bisschen nachdenklich, nicht lange, nur Augenblicke, aber in diesen Augenblicken wurde uns allen bewusst, dass er uns fehlt.

»Vielleicht kommt er noch«, sagte Vater und schnitt sich ein Stück Brot ab.

»Wir gehen aber nicht in die Weihnachtsstube, bevor er da gewesen ist«, meinte meine kleine Schwester, »sonst denkt er noch, er darf nicht mehr rein zu uns.«

»Ja, wir warten noch«, sagte Vater, und das Warten fiel uns Kindern gar nicht mehr schwer. So saßen wir beinahe eine Stunde lang unter der Lampe um den Tisch, tranken von unserem Glühwein und horchten auf jeden Laut, der von draußen kam. Aber der Alte kam nicht. Wir gingen in die Weihnachtsstube, sangen, hörten die Weihnachtsgeschichte und zeigten uns gegenseitig unsere Geschenke. Doch etwas fehlte an der Weihnachtsfreude, das spürte jeder von uns. Und als Mutter mit mir und meiner kleinen Schwester und mit dem leeren Glühweintopf noch einmal in die Küche ging, um Glühwein nachzuschenken, da schauten wir alle drei zum Sessel neben dem Ofen, und Mutter sagte: »Kinder, unser Weihnachtsengel fehlt.«

Keiner von uns sagte etwas.

»Ja«, fuhr Mutter fort, »manchmal haben Menschen schon Engel beherbergt, ohne es zu wissen.«

Mir saß ein seltsamer Kloß im Hals, und ich glaube, meiner Schwester auch: Den Alten habe ich nie wieder gesehen. Ich weiß nicht, ob er inzwischen am Ziel seines langen Landstreicherlebens angekommen war. Aber dass er für uns ein Engel war, ein Engel im dicken schneenassen Mantel und mit frostroten Händen, daran habe ich bis heute nicht gezweifelt.

Das Lied vom verlorenen Jesuskind

»Jesuskind, wo bist du? Du bist nicht mehr zu sehn.
Leer ist deine Krippe, wo Ochs und Esel stehn …
Ich seh Maria, die Mutter, und Joseph Hand in Hand,
ich seh die schönen Fürsten vom fernen Morgenland.
Doch dich kann ich nicht finden:
Wo bist du, Jesuskind?«
»Ich bin im Herzen der Armen, die ganz vergessen sind!«
»Maria, voller Sorgen, die sucht dich überall,
draußen bei den Wirten, in jeder Eck im Stall.
Im Hof ruft Vater Joseph und schaut ins Regenfass.
Sogar der Mohrenkönig, er wird vor Schrecken blass.
Alles sucht und ruft dich:
Wo bist du, Jesuskind?«
»Ich bin im Herzen der Kranken, die arm und einsam sind!«
»Die Könige sind gegangen, sie sind schon klein und fern;
die Hirten auf dem Felde, sie sehn nicht mehr den Stern.
Die Nacht wird kalt und finster – erloschen ist das Licht.
Die armen Menschen seufzen: Nein, nein, das war Er nicht!
Doch rufen sie noch immer:
Wo bist du, Jesuskind?«
»Ich bin im Herzen der Heiden, die ohne Hoffnung sind!«

Jean Anouilh

weihnacht

damals
als gott
im schrei der geburt
die gottesbilder zerschlug
und
zwischen marias schenkeln
runzelig rot
das kind lag

Kurt Marti

Vier Geschichten auf einem Stamm

+
S
t
ern
Licht
Glocken
Botschaft
Engelgesang
Ehre sei Gott
Glück
Lametta
Geschenke
Süßigkeiten
Ochs und Esel
Spielzeug Glanz
Wintersonnenwende
unerfüllte Wünsche
Christkind Engelshaar
Schnee Einsamkeit Kälte
Heiland
Davidsstadt
Frohe Botschaft
Advent Geburt Wunder
Offenbarungen Erfüllung
Stall Krippe Hirten Herodes
Dunkelheit Stille Nacht Hoffnung
Heiligabend Christvesper Bescherung
Besinnung Bethlehem Liebe Trost der Welt
Wunderbarrat Kraftheld Ewigvater Friedefürst
Weihnacht
keine Herberge
Gold Weihrauch Myrrhe
Weise aus dem Morgenland
Kaspar und Melchior und Balthasar
Flucht nach Ägypten Wickelkind heimlich
Lastesel Winter Christstollen Leuchten Lieder
Hosianna Maria und Joseph Gloria Erlöser Christfest
Shalom Epiphanias Kreuz von Golgatha Auferstehung Friede
Maria behielt alle diese Worte und bewegte sie in ihrem Herzen
Kind
Heil
Gott

Eberhard Arning

flucht nach ägypten

nicht
ägypten
ist
fluchtpunkt
der flucht
das kind
wird gerettet
für härtere tage
fluchtpunkt
der flucht
ist
das kreuz

Kurt Marti

Peter Hahne

Eine Festung wird erobert

Ausweglose Lage in Stalingrad. Klirrende Kälte im Kriegswinter 1942. Eingekesselt von den Russen, kaum Nahrung, keine Hoffnung. Mehr als 300 000 Soldaten der 6. Panzerarmee eingeschlossen. Nur 6000 sollten später ihre Heimat wiedersehen.

Kurz vor Weihnachten setzt sich ein Militärarzt hin, zeichenbegabt und kunstinteressiert, um seine Kameraden zu überraschen.

Er nimmt ein Stück Holzkohle aus dem Feuer. Mit dürftigen Hilfsmitteln beginnt er, auf der Rückseite einer russischen Landkarte zu zeichnen.

Kurt Reuber, Pfarrer und Arzt, überzeugter Christ und Freund Albert Schweitzers, will seinen verzweifelten Kameraden in der Festung Stalingrad Freude und Hoffnung schenken.

Über den Heiligen Abend schreibt er: »Als ich nach altem Brauch die Weihnachtstür, die Lattentür unseres Bunkers öffnete und die Kameraden eintraten, standen sie wie gebannt, andächtig und ergriffen schweigend vor dem Bild an der Lehmwand, unter dem auf einem in die Lehmwand eingerammten Holzscheit ein Licht brannte … und gedankenvoll lasen sie die Worte: Licht – Leben – Liebe.«

Es schien so, als habe die Lebensbotschaft des Evangeliums die Todesfestung von Stalingrad erobert. Die geheimnisvolle Kraft der guten Nachricht von Weihnachten vermag Auswegloses zu verwandeln, bringt Licht in die Dunkelheit. Auch die selbstgemachten Festungen von Hartherzigkeit und Hass, von Lieblosigkeit und fehlender Versöhnungsbereitschaft können durchbrochen werden.

Es war die »Madonna von Stalingrad«, von der solche

Faszination ausging. Die Mutter mit dem Kind, eingehüllt von einem großen Tuch, ineinandergeschmiegt und geborgen. Mitten im Untergang von Leben und Hoffnung, abgeschnitten von der Heimat und dem Tode geweiht, dem Erfrieren und Verhungern preisgegeben: Ein Lichtstrahl aus der ewigen Welt.

Mit der letzten Luftwaffenmaschine rettete ein schwerverwundeter Kommandeur die Zeichnung aus der Hölle von Stalingrad. Reuber selbst kam 1944 in einem russischen Lager um. Sein einzigartiges Bild, heute in der Berliner Kaiser-Wilhelm-Gedächtniskirche zu sehen, ging um die Welt. Kaum eine Zeitung, die es nicht abdruckte.

»Wenn ich sagen könnte, wie mich diese Arbeit an der Madonna ergriffen hat …«, schrieb Reuber in einem Brief. »Wenn man unsere Lage bedenkt, in der Dunkelheit, von Tod und Hass umgeben – und unsere Sehnsucht nach Licht, Leben, Liebe, die so unendlich groß ist, in jedem von uns.«

Licht

Weihnachten stellt uns von der Schattenseite des Lebens in das helle Licht der Ewigkeit. Ohne Weihnachten wäre unser Herz ohne Trost und voller Sorgen, die Weltgeschichte ein Irrgarten ohne Mittelpunkt.

Jesus kommt in unsere Nacht, damit wir in sein Licht kommen können. Wir werden nicht hinters Licht geführt, sondern mitten ins Licht hinein. Nicht das Zwielicht von Neon und Mattscheibe, sondern die Positionslampe aus der Ewigkeit macht unser Leben hell. So kann aus Zwietracht Frieden werden.

Licht schafft Klarheit: Schuld wird aufgedeckt, Dunkles wird offenbar. Licht ist das Ende der Ausweglosigkeit: Orientierung ist möglich, Durchblick wird geschenkt. Es wird warm. Hoffnung ist geboren.

Madonna von Stalingrad (Zeichnung)

»Doch es wird nicht dunkel bleiben über denen, die in Angst sind.« (Jesaja 8,23)

»Das Volk, das im Finstern wandelt, sieht ein großes Licht, und über denen, die da wohnen im finstern Land, scheint es hell.« (Jesaja 9,1)

Leben

Gott schickt das Leben in die Welt des Todes. Es beginnt eine neue Zeitrechnung. Nichts ist mehr wie vorher. Der Schöpfer wird Geschöpf. Der Herr der Geschichte eine Gestalt der Geschichte. Gott wird in Jesus Christus fassbar.

Nur in der Lebensgemeinschaft mit Jesus erfüllt sich der Lebensdurst des Menschen. »Ich bin gekommen, damit sie das Leben und volle Genüge haben sollen.« (Johannes 10,10)

»Herr, wohin sollen wir gehen? Du hast Worte des ewigen Lebens.« (Johannes 6,68)

Liebe

Gott gibt uns nicht auf. Er gibt seine Liebe für uns ab. Er macht keine halben Sachen. In Jesus Christus hat seine Liebe Hand und Fuß. Mit ihm kam der Himmel auf die Erde. Er zieht ins Untergeschoss dieser Welt, um für jeden erreichbar zu sein. Er wird einer von uns. Christus kommt nicht im Sonntagsstaat, sondern mitten in unseren Alltagstrott.

An dem Kind in der Krippe entscheidet sich unsere Zukunft: »Denn also hat Gott die Welt geliebt, dass er seinen eingeborenen Sohn gab, damit alle, die an ihn glauben, nicht verloren werden, sondern das ewige Leben haben.« (Johannes 3,16)

Wer sein Herz an Jesus verliert, der hat Licht, Leben und Liebe gewonnen.

Franz Broich

Es war derselbe

Nasser Schnee stöbert durch die unfreundlichen Bahnhofsanlagen von Wologda. Die Halle ist überfüllt. Eine Gruppe von Matrosen mit brutalen Gesichtern, starken Nacken, strotzend vor Gesundheit und Kraft, drängt sich an ein paar deutsche Kriegsgefangene heran, die ohne Bewachung in die Taiga zum Holzschlag unterwegs sind. Ein riesiger Kerl, mit rohem Ausdruck in den Augen, krempelt seine Ärmel hoch: »Du Offezirr, ich dich niederschlagen!« Sofort schiebt sich ein Bahnpolizist sehr korrekt dazwischen und weist den Raufbold energisch zurück. Lange Wartezeit. Die Gefangenen können in der Stadt in eine stolovaia, ein Gasthaus, gehen. Da sitzt alles durcheinander. Plötzlich stellt das bedienende Russenmädchen vor den vorhin bedrohten Kriegsgefangenen eine reichhaltige Mahlzeit und ein großes Glas guten, gesüßten Tee, alles sehr teuer und für den Deutschen unerschwinglich. Der glaubt zunächst an einen Irrtum, aber da legt sich ihm eine riesige, schwarzbehaarte Hand auf die Schulter: »Du essen, du Hunger, du armer Kriegsgefangener!« Es war der Matrose vom Bahnhof …

Rudolf Irmler

Das Jesuskind kehrt heim

Es waren trübe Novembertage, als ich durch Sachsen und über die Görlitzer Neiße den Weg in meine Heimat antrat. Wir waren 1945 geflüchtet – über die Tschechoslowakei nach Bayern.

Und nun hörte ich von den Übriggebliebenen in der alten Heimat, dass sie ohne geistliche Betreuung waren. So fasste ich den Entschluss, zu ihnen zurückzukehren. Eine gefahrvolle Fahrt.

Aber schließlich gelang es mir doch, meinen Kirchenkreis Lüben, der zwischen Oder und Niederschlesischer Heide liegt, zu erreichen.

Hier in Lüben stand noch die alte Kirche, die den Sturm des Krieges überdauert hatte. Sie war bekannt durch ihr hochragendes, domähnliches Kirchenschiff und ihre berühmten Schnitzaltäre aus der Schule von Veit Stoß. So war mein erster Gang 1945 in das alte Gotteshaus. Ach, wie sah es aus! Verunreinigt und geschändet. Aber die Schnitzaltäre befanden sich noch im Innern. Bei näherem Betrachten entdeckte ich aber, dass in dem wertvollen Weihnachtsaltar das Jesuskind fehlte. Durchziehende Soldaten hatten es gewiss aus den Händen der Maria geschlagen. Daneben die drei Weisen aus dem Morgenlande, die auf den leeren Platz blickten.

Wo war das Kind nur geblieben?

Nach Wochen fand ich es in einem Schutthaufen in einer Ecke der großen Kirche. Ein kleines, kunstvolles Figürchen mit roten Bäckchen und den Händen der Maria, die es umfassten.

Ich nahm das Jesuskind an mich, um es später dem Altar wieder einzufügen.

Doch dazu kam es nicht. Denn nach einigen Wochen waren die Tafeln der Schnitzaltäre – die aus dem Jahre 1493 stammten – spurlos verschwunden. Alles Nachforschen blieb erfolglos.

Und so nahm ich das Jesuskind an mich, brachte es bei der Evakuierung 1947, als wir alle die Heimat verlassen mussten, mit nach Sachsen, wo ich als Gefängnispfarrer in Waldheim arbeitete und 1953 nach dem Westen, wohin ich wieder fliehen musste. Es kam mit bis nach Marktheidenfeld. Hier zeigte ich es manchem meiner Gäste und erzählte dabei die Geschichte meiner Kirche. 27 Jahre blieb die kleine 500-jährige Figur in meiner Hand.

Da ereignete sich eines Tages etwas Überraschendes: Die Abbildung dieses Altars war in einer westdeutschen Zeitung erschienen und gelangte auch in das Breslauer Museum. Dort stellte man fest: Der berühmte Altar aus Lüben befindet sich im Breslauer Museum, aber ohne Jesuskind. Nun erfuhr man dort, dass ich die ergänzende Weihnachtsfigur besaß, das Kernstück des Kunstwerkes.

In einem Brief des polnischen Museumsdirektors an mich kam zum Ausdruck, wie sehr er sich freuen würde, wenn das Jesuskind wieder in den Altar eingefügt werden könnte. Er sollte doch wieder vollständig den vielen Menschen, Gruppen und Schulklassen, die das Museum besuchen, gezeigt werden.

Was sollte ich tun?

Die Schwestern in meinem Breslauer Mutterhaus in Marktheidenfeld sagten: Das Kind gehört doch zur Mutter Maria. Und ich musste ihnen Recht geben. Die Figur hatte nur für mich Erinnerungswert. Was sollte später einmal mit ihr geschehen? Also: Das Kind wird nach Breslau gebracht. Aber wie? Natürlich mit dem Flugzeug über Warschau, damit es nicht bei weiteren Grenzkontrollen in Gefahr kommt.

Schließlich erhielt ich auch ein polnisches Visum. Es gab vor der Reise noch allerlei Schwierigkeiten. Fast sah es so aus, als ob das Kind nicht an seinen alten Platz zurückkehren sollte.

So kam der Tag des Abschieds. Unsere Schwesternschaft und die Gäste unseres Einkehrhauses waren in der Johannes-Kapelle versammelt. Das Jesuskind hatte ich mitgebracht und erzählte von seinem Schicksal und von der bevorstehenden Heimkehr. Dann ging die kleine Figur durch die Bankreihen von Hand zu Hand. Manche streichelten das Kind, eine Schwester drückte es an ihr Herz. Es war ein bewegender Abschied. Dann legte es eine Schwester zum Schluss auf den Altar.

Der Flug nach der alten Heimat, den ich auf eigene Kosten unternahm, ging sehr schnell: Frankfurt – Warschau – Breslau – vier Stunden. Nach 27 Jahren sah ich Breslau wieder, wurde auf dem Flughafen empfangen und am nächsten Tage vom Hotel Monopoél zum Museum abgeholt. Die Mitarbeiter der Museumsleitung saßen dann mit mir am runden Tisch. Kein Wort von Politik – nur über Kunst und die Geschichte Schlesiens unterhielten wir uns. Als ich mein Jesuskind auspackte und auf den Tisch legte, wurden die Augen der polnischen Menschen feucht. Ergriffen schauten sie auf das Kind, das ich nun zu dem Schnitzaltar zurückbrachte.

Dann kam der große Augenblick. Wir gingen zum ersten Stock hinauf, wo sich der Lübener Altar befinden sollte. Richtig – dort hängt er! So wie ich ihn zuletzt 1945 in meiner Kirche sah. Da nahm ich das Jesuskind und gab es zwischen Maria und den drei Weisen in die Hände seiner Mutter zurück. Ganz genau passte es hinein, auf den Millimeter genau. Und als ich es dann nochmals herausziehen wollte, war dies kaum möglich. Die Hände der Maria hielten das Kind ganz fest.

Aber dann erlebte ich etwas Wunderbares: Das Altarbild begann zu leuchten. Der Mittelpunkt, das Jesuskind, war wieder vorhanden. Von dort erhielt der Altar seine Strahlkraft. Auf dieses Zentrum hin haben die mittelalterlichen Künstler gewiss das Kunstwerk geschaffen. Alle Anwesenden empfanden in diesem Augenblick dasselbe.

Ich sagte: »Auf andere Figuren könnte man verzichten, auf das Jesuskind und seine Mutter nicht.« Welche Bedeutung hat das alles in einem kommunistisch regierten Lande: Christus – die Mitte!

So ist das Jesuskind heimgekehrt. Und ich habe noch lange das leuchtende Altarbild betrachtet. Ein Leuchten, das nicht aufhörte, an das ich oft denke und das mich heute noch froh macht.

Das Kind, das zur Versöhnung auf die Welt kam – es kann nur Versöhnung stiften –, auch unter uns Menschen.

Nicht auf Licht und Lampen kommt es an,
und es liegt nicht an Mond und Sonne,
sondern dass wir Augen haben,
die Gottes Herrlichkeit in Jesus Christus sehen können.

nach *Selma Lagerlöf*

Heilige Nacht

Und niemand dachte sich etwas dabei.
Die Frau bekam ihr erstes Kind.
Sie stöhnte, schrie und zerbiss den Schrei,
wie Frauen dann so sind.

Der Ort war mit Fremden überfüllt.
Zur Rechten hämmerte wer an ein Tor,
zur Linken wurde wer angebrüllt.
Auch das kommt manchmal vor.

Es brauchte nicht gerade im Stall zu sein
und zwischen dem wiederkäuenden Vieh.
Doch hausten sie wenigstens allein,
der Mann, das Kind und sie.

Ein Ächzen ging durch die Finsternis.
Das Kind lag hilflos auf seinem Stroh.
Der Tod war seines Sieges gewiss.
Aber das blieb nicht so.

Manfred Hausmann

Stefan Heym

Mary

Die Nacht war kalt und sternenklar. An der Anlegestelle der Fährdampfer an der Südspitze der steinernen Insel Manhattan stauten sich die schmutzigen Eisschollen, und am Horizont ragten die glitzernden Wolkenkratzer auf wie ein Gebiss, das am seidigen Schwarz des Himmels nagt.

Auf dem letzten Fährdampfer nach Ellis Island* – jener kleinen Gefängnisinsel im Hafen von New York, wo die des Landes Verwiesenen eingesperrt werden – befanden sich an diesem Heiligabend nur wenige Passagiere. Einer von ihnen war ein ältlicher, graubärtiger Mann in einem zerschlissenen Kaftan und mit Schuhen, die einst bessere Zeiten gesehen hatten. Sein Gesicht war sorgendurchfurcht, und er murmelte etwas, vielleicht Gebete, vielleicht Flüche – jedenfalls blieb, was er sagte, dem Einwanderungsbeamten neben ihm unverständlich. In Begleitung des Mannes war eine junge, hochschwangere Frau, deren große, traurige Augen ins Leere starrten.

»He, Joe!«, sagte der Beamte.

Der Mann zuckte zusammen.

»Macht euch fertig, du und deine Tochter. Wir sind gleich da!«, sagte der Mann. Der Beamte betrachtete die Schwellung unter dem dünnen Mantel Marys. Er schien zu grinsen. »Na wenn schon!«, sagte er.

»Herrgott noch mal!«, schimpfte der Schreiber in der Kanzlei von Ellis Island. »Nicht mal am Heiligabend hat man seine Ruhe. Dabei wartet meine Frau schon auf mich mit dem Essen. Ihr hättet das Pack auch noch drüben behalten können, wenigstens bis nach den Feiertagen! Außerdem

* Die Geschichte entstand 1954. Das Lager »Ellis Island« wurde inzwischen aufgelöst.

sind wir hier überfüllt, jede Zelle ist doppelt belegt, nichts wie Rote und Ausländer. Manchmal denk ich schon, die ganzen Vereinigten Staaten sind nur noch von Roten und Ausländern bevölkert. Wo soll ich hin mit dem Zuwachs?« Der Beamte, der den Zuwachs gebracht hatte, zuckte die Achseln. »Geht mich doch nichts an. Unterschreib die Quittung hier, das ist alles. Ich muss zurück nach New York mit dem Fährdampfer; meine Familie wartet auch. So eine elende Kälte!«

»Also«, sagte der Schreiber, »für heute werde ich sie in die Garage stecken; die ist auch verschließbar. Morgen wird man weitersehen.«

»Ist die Garage geheizt?«, fragte der Beamte.

»Nein«, sagte der Schreiber.

Der Beamte zog die Brauen hoch und blickte einen Moment lang auf den Mann und die zarte Frau, die in der Ecke des Büros warteten.

»Hätte nicht streiken sollen, der Alte«, sagte er schließlich. »Dann brauchte er jetzt nicht zu frieren.«

»Die Garage ist noch viel zu gut für dieses rote Gesindel«, sagte der Schreiber.

Der Mann mit dem Bart, den der Einwanderungsbeamte Joe genannt hatte, kam plötzlich auf ihn zu, stürzte vor ihm auf die Knie und seine mageren Hände verkrallten sich in dem flauschigen Uniformmantel.

»Geben Sie uns wenigstens etwas Stroh!«, bat er mit halberstickter Stimme. »Sie sehen doch – meine Frau wird bald …«

»Na, weil du's bist, Joe«, sagte der Beamte; und zu dem Schreiber: »Gib ihm schon 'ne Matratze und paar Decken mit.« Und beeindruckt von seiner eigenen Großzügigkeit, ging er zu der Frau, hob mit zwei Fingern ihr Kinn, sah ihr ins Gesicht und sagte: »tsk, tsk, heute muss man sich's gut überlegen, bevor man Kinder kriegt …«

Die Garagentür, die fest verschlossen war, knarrte in den Angeln.

Joseph blickte auf, eine große Helligkeit verbreitete sich auf einmal. Jemand hatte die Bogenlampe, die hoch unter dem Dach hing, angeknipst. Im Licht dieser Lampe erblickte Joseph drei Männer, Arbeiter offensichtlich. Sie schienen unschlüssig zu zögern.

Dann hörte der eine, der ein westindischer Neger war, das leise Wimmern von der Matratze her, und seine sanften, dunklen Augen hefteten sich auf die in Decken gehüllte Gestalt der Frau. »Dort«, sagte er.

Die anderen beiden nickten. Einer war ein hochgewachsener, breitschultriger Pole mit hervortretenden Backenknochen und einem gutmütigen, gerne lächelnden Mund. Der andere war klein und zierlich und hatte mandelförmige Augen, die blinzelten fröhlich. Er war in Amerika geboren, aber sein Vater war aus der Provinz Hunan in China gekommen.

»Wir haben den Stern gesehen«, sagte der Pole.

»Welchen Stern?«, fragte Joseph.

»Nun, man weiß doch – den Stern, der die Geburt des Kindes anzeigt …«

Joseph wusste wirklich nicht, aber er war viel zu verschüchtert, um weitere Fragen zu stellen.

»Wir bringen Geschenke«, sagte der Chinese.

Der Neger erklärte: »Drüben in der Baracke haben wir gehört, dass ihr gekommen seid, und dass deine Frau …«

Das Kind schrie kräftig auf.

»Ein Junge?«, fragte der Chinese.

Joseph nickte.

»Lungen hat der!«, sagte der Pole. »Donnerwetter! Der wird tüchtig wachsen und Muskeln haben und denen noch zu schaffen machen, den großen Herren! …«

Der Neger stieß ihn an. »Die Geschenke!«, flüsterte er.

»Ach ja«, sagte der Chinese. »Also, wir haben eine Sammlung in der Baracke gemacht. Gold bringen wir zwar nicht, und auch keine Myrrhen.«

Er breitete die Schätze vor Mary aus, die Schätze der Armen, die von dem wenigen, was sie haben, geben: ein paar Tücher, als Windeln verwertbar, ein bereits abgetragenes wollenes Kinderkleidchen; eine blauweißkarierte, weiche Decke, um den Kleinen warm einzuwickeln, und eine Klapper, damit er auch etwas zum Spielen habe. Und schließlich ein paar Dollar.

»Können wir ihn mal sehen?«, fragte der Pole.

Mary lüftete einen Zipfel der Decke. Das Kind schlief.

Die drei blickten es an. »Wie soll er heißen?«, fragte der Pole nach einer Weile.

»Joshua«, sagte Joseph. »Und Zimmermann soll er werden.«

»Warum Zimmermann?«, fragte der Neger.

»Das ist doch klar«, sagte der Chinese. »Zimmerleute braucht man zum Bauen, und Bauen braucht man zum Frieden.«

»Ja«, sagte der Pole, der religiös war. »Jesus war auch gelernter Zimmermann, und man nannte ihn den Fürsten des Friedens. Jetzt müssen wir aber gehen. Die Polizei darf nicht wissen, dass wir hier waren.«

Sie gingen und schlossen die Garagentür. Mary wiegte ihr Kind.

Käme ER heute

Käme ER heute und machte es wie damals –
sähe es so aus?

In den Slums von East-Harlem –
Maria eine Neger-Mammie.
In den Gassen Palermos –
Josef heißt Salvatore.
Im Zelt der Besitzlosen jenseits des Jordan –
Gott, Bruder der Armen.

Elf Quadratmeter für jesusmariaundjosef
im siebenstöckigen Hochhaus
von Wong Tai Sin –
siebentausend Nachbarn sind Hirten unterm
gleichen Dach.

Mietpartei irgendwo im Revier:
Ach so, nur ein Zimmermann!
In einer Vorstadtbaracke, im Gleisdreieck,
in der Kolonie Rote Erde.

Längst ist vergessen:
Auch in Bethlehem gab's Wohnzimmer,
reichgedeckte Tische und Marmor.

Käme ER heute und machte es wie damals –
wie sähe es aus?

Kurtmartin Magiera

Tilde Michels

Mister Santa

Diese Geschichte hat John Berry vor einigen Jahren in New York erlebt. Er schreibt sie hier auf, genauso wie sie sich zugetragen hat:

Es war wie verhext. Ich konnte einfach keine Arbeit finden. Von Beruf bin ich Installateur, aber ich hätte auch jede andere Stelle angenommen; als Koch oder Ausfahrer oder sonst was.

Drei Monate war ich schon arbeitslos. Ich wohnte in einer kalten, verwahrlosten Bude. Wenn ich mich aufwärmen wollte, ging ich in eine Kneipe.

Das war Anfang Dezember. Immer um diese Zeit sind die breiten Prachtstraßen von New York mit bunten Lichterketten überspannt, und aus allen Schaufenstern der Innenstadt glänzt ein Weihnachtszauber von Glitzersternen, Elfen, Zwergen und Spielzeugstädten. Auf dem Platz im Rockefeller Center steht der größte Weihnachtsbaum der Welt. Er ist so hoch wie ein Haus mit zehn Stockwerken, und unter diesem riesigen Weihnachtsbaum gibt es in jedem Jahr eine Schlittschuhbahn.

Aber damals interessierte mich das alles nicht. Ich hatte kein Geld, ich war hungrig und durchgefroren und ich suchte Arbeit. Jeder Job war mir recht.

So kam es, dass ich Weihnachtsmann in einem großen Warenhaus wurde.

Vor Weihnachten hat jedes Kaufhaus seinen eigenen Weihnachtsmann; in Amerika heißt er Santa Claus. Zu dem gehen die Kinder und flüstern ihm zu, was sie sich wünschen. Der Kaufhaus-Santa-Claus schreibt ihre Namen und Wünsche auf. Später holen sich die Mütter die Wunschzettel ab. Und weil das von den Kaufhausleuten so praktisch eingerichtet ist, kaufen sie auch gleich alles an Ort und Stelle.

Als Santa Claus also saß ich auf einem Weihnachtsthron in der Spielzeugabteilung. Auf alt und würdig geschminkt, mit angeklebtem weißem Bart, rotem Umhang und roter Zipfelmütze. Meiner Stimme gab ich einen tiefen und vollen Klang.

Vor mir standen die Kinder in einer langen Schlange und warteten, bis sie an der Reihe waren.

Die Kleinen glaubten, ich sei der echte Weihnachtsmann; die Größeren natürlich nicht. Die kamen oft nur, um mich zu ärgern. Sie zerrten an meinem Bart, rissen mir die Mütze herunter und flüsterten mir statt ihrer Weihnachtswünsche Schimpfworte ins Ort.

Scharen von Kindern kamen jeden Tag. Ich habe längst vergessen, was sie sich alles wünschten und wie sie aussahen – nur Paco habe ich nicht vergessen. Sein braunes Gesicht mit den dunklen Augen sehe ich noch genau vor mir.

Eines Abends stand er da. Nicht gläubig wie die Kleinen, nicht übermütig wie die Größeren. Ganz ernst blickte er mich an. Seine Hände hielt er geballt in den Taschen. Er nannte mir seinen Namen und die Straße, in der er wohnte. Sie lag im Norden der Stadt in einem elenden Viertel, wo nur die ärmsten Farbigen leben.

»Mister Santa«, sagte er mit einer rauen Stimme in holprigem Englisch, »ich brauche Schlittschuh.«

»Schlittschuhe?«, fragte ich.

»Ja, Schlittschuh«, wiederholte er. »Größe 6. Direkt am Stiefel festgemacht, verstehst du?«

Ich antwortete nicht gleich.

Paco senkte den Kopf. »Meine Mutter sagt, sie kann die Schlittschuhe nicht kaufen. Aber du, Mister Santa … vielleicht kannst du …«

Die anderen Kinder drängten sich vor. Sie wollten endlich drankommen und schubsten Paco weg. Er wehrte sich nicht.

Auf dem Nachhauseweg kam ich an der Eisbahn unter dem riesigen Weihnachtsbaum vorbei. Dort sah ich Paco wieder. Seine dunklen Augen folgten den Kurven und Kreisen der Schlittschuhläufer auf dem hell erleuchteten Eis. Die Musik aus den Lautsprechern dröhnte über den Platz.

Es war kalt und Paco hatte nur einen dünnen Pullover an. Aber er stand unbeweglich und schaute auf die glitzernde Eisfläche.

Als er zum zweiten Mal ins Warenhaus kam, fragte ich ihn: »Paco, warum brauchst du eigentlich Schlittschuhe? Es gibt doch viel nützlichere Sachen.«

Da warf er die Arme in die Luft und sagte: »Mister Santa, Schlittschuhlaufen, das ist ...« Er suchte nach Worten und sagte dann nur: »Das ist schön.«

Er fuchtelte mit seiner kleinen Faust vor meinem Bart herum. »Ich muss Schlittschuh haben, verstehst du? Ich will Bögen machen auf dem Eis, verstehst du?«

Ich sah, dass der Abteilungsleiter uns beobachtete. Er merkte natürlich, dass Paco allein war, dass niemand etwas für ihn kaufen würde. Und ohne lange zu überlegen, flüsterte ich Paco zu: »Komm morgen wieder, Paco. Morgen ist Heiliger Abend, da ist alles möglich ... Vielleicht sogar ein Wunder.«

Der Abteilungsleiter trat heran und sagte höflich, aber mit deutlichem Tadel: »Santa Claus, da sind noch andere liebe Kinder, die warten.«

Paco ging ohne ein Wort weg.

Am Vormittag des Heiligen Abends – es war mein letzter Tag als Santa Claus – kaufte ich ein Paar Schlittschuhe mit Stiefeln Größe 6. Sie kosteten eine Menge Geld. Fast die Hälfte meines Wochenlohns als Weihnachtsmann. Und da fiel mir noch dazu ein, dass es mit den Schlittschuhen nicht genug war, dass Paco auch Eintrittsgeld für die Eisbahn brauchte. Er hatte bestimmt keinen Cent.

Wohl oder übel musste ich ihm noch ein paar Dollar extra in die Stiefel stecken. Ich tat es nicht gern, und ich ärgerte mich dabei über mich selbst. »Total übergeschnappt«, dachte ich. »Die Hälfte eines Wochenlohns für einen fremden Jungen ausgeben. Wohltätigkeitsfimmel! Weihnachtsmann spielen!«

Trotzdem wartete ich ungeduldig auf Paco.

Aber Paco kam nicht.

Die letzten Kinder waren abgezogen. Das Kaufhaus schloss seine Tore.

Ich legte die Santa-Claus-Verkleidung ab und zog meine eigene Jacke über. Dann ging ich hinaus auf den Platz mit dem großen Weihnachtsbaum. In der Hand trug ich die Tüte mit den Schlittschuhen.

Von der Eisbahn schallte die Musik herüber.

Langsam überquerte ich den Platz. Dann aber begann ich zu laufen, weil ich plötzlich fürchtete, zu spät zu kommen. Ich drängte mich nach vorn an die Eisfläche und suchte die Zuschauerreihen ab … und da entdeckte ich Paco. In seinem dünnen Pullover stand er wieder dort und starrte auf die Schlittschuhläufer. Die Fäuste hielt er vor den Mund gepresst. »Guten Abend, Paco«, sagte ich.

Paco blickte zu mir auf. Er erkannte mich nicht. »Wer sind Sie, Mister?«

»Ich komme von Santa Claus«, sagte ich. »Ich mache manchmal Besorgungen für ihn. Er hat auf dich gewartet. Warum bist du nicht gekommen?«

Paco schüttelte den Kopf. »Meine Mutter hat gesagt, es gibt keine Wunder. Für uns nicht.«

Da reichte ich ihm die Tüte mit den Schlittschuhen. »Von Santa Claus«, sagte ich.

Mit offenem Mund schaute Paco in die Tüte. Es dauerte lange, bis er begriff, dass die Schlittschuhe ihm gehören sollten.

»Von Santa?«, fragte er leise. »Wirklich?«

Er deutete mit dem Kopf hinüber zum Kaufhaus. »Wartet er noch?«

»Es ist schon geschlossen«, sagte ich. »Santa Claus ist fort. – Aber wenn du willst, kann ich ihm sagen, dass du dich freust.«

Paco nickte. Er drückte die Schlittschuhe an sich. Und dann lachte er. Seine kleinen weißen Zähne blitzten aus dem dunklen Gesicht. Alles an ihm leuchtete.

»Jetzt probiere ich's«, sagte er.

Dann rannte er zur Schlittschuhbahn.

Nach ein paar vorsichtigen Bögen auf dem Eis drehte er sich noch einmal zu mir um. Er wedelte mit den Armen und schrie: »Ich kann's! Sagen Sie's ihm! Sagen Sie Santa Claus, dass ich's kann! Und – fröhliche Weihnachten, Mister!«

»Fröhliche Weihnachten, Paco«, rief ich zurück.

Ich sah ihn davonkurven. Er tauchte unter in der Menge der anderen Schlittschuhläufer.

Ein offenes Fenster

Ein offenes Fenster
Ein Raum voller Licht
Ein Blick in die Zukunft
Fürchte dich nicht!

Die Schatten von Gestern
Das Dunkel der Nacht
Vergehen wie Träume
Wenn ein Mensch erwacht.

Weg, Wahrheit und Leben
Brot, Weinstock, die Tür
Der gute Hirte
Hier steht er vor dir.

Roland Werner

Peter Hahne

Ein Lied für Straßenkinder

Im Weimarer Waisenhaus steht seine Wiege. Jetzt wird es in allen Erdteilen der Welt gesungen. Was der Dichter für seine Sonntagsschulkinder schrieb, ist der Hit weltweit: »O du fröhliche ...«

Wohl in keinem Lied kommt so schlicht und klar die Weihnachtsbotschaft zum Klingen. Einfachheit und Tiefe liegen eng beieinander. Ein Lied, das Geschichte macht. Und ein Lied, das Geschichte hat.

Johannes Daniel Falk (1768-1826) hat es geschrieben. Sohn eines armen Perückenmachers aus Danzig. Ein städtisches Stipendium verhalf zu Abitur und Studium. Er besuchte Schiller in Jena und freundete sich mit Goethe in Weimar an. Über ihn verfasste er auch eine Biographie.

Falk, dem christlichen Glauben entfremdet, arbeitete für verschiedene Zeitschriften. Seine Texte waren von beißender Ironie. Er schrieb Theaterstücke und gab die »Taschenbücher für Freunde des Scherzes und der Satire« heraus.

1806 erlebte er die Besetzung Deutschlands durch Napoleon.

Das Jahr 1813 bedeutete für den spöttischen Gottesleugner von Weimar die Wende. Nach der Völkerschlacht bei Leipzig ging eine Seuche durchs Land. Vier seiner Kinder starben innerhalb weniger Wochen im Vorschulalter. Als dann auch noch seine älteren Kinder sterbenskrank wurden und er selbst wochenlang zwischen Leben und Tod schwebte, klagte er: Will das ein Gott der Liebe sein, der solches zulässt?! Für ihn schien er grausam und unbarmherzig.

Doch diese schreckliche Zeit wurde für den Satiredichter Falk zum Segen Gottes.

Seine Mutter hatte ihm den Glau-ben an Jesus Christus so überzeugend vorgelebt, dass er nun zum lebensrettenden Halt wurde. »Gott hat mir meine Kinder genommen, damit ich mich den Verlorenen und Heimatlosen zuwende.«

Resignation und Anklage wandelten sich zu einem Glaubensleben von großer Gewissheit und Ausstrahlung. Er gründete die »Gesellschaft der Freunde in Not«, nahm Waisenkinder auf und eröffnete schließlich den »Lutherhof«.

Bis zu seinem Tod betreute Falk dort mehr als 500 Kinder, die er meist verwahrlost von der Straße holte. Einem Freund schrieb er: »Könnten Sie uns sehen, Sie würden sich freuen und Gott preisen. Kinder von Räubern und Mördern singen Psalmen und beten … die Liebe trägt den Sieg davon.«

Nach diesem Modell schuf Johann Hinrich Wichern (1806-1881), der Begründer der neuzeitlichen Diakonie, das »Rauhe Haus« in Hamburg.

Wie grundlegend sich Falks Leben verändert hatte, wie realistisch der Glaube seinen Alltag beeinflusste, kommt in einem Gedicht zum Thema »Vertrauen« zum Ausdruck: »Ihr Sorgen weicht – lasst mich in Ruh! Denn Gott will für mich sorgen.«

Und das Lied? Es entsprang dieser bewegenden Lebensgeschichte. »Der Freund in der Not« nannte Falk sein Kinderliederbuch 1819. Darin auch das Dreifeiertagslied »O du fröhliche«, von dem wir nur die weihnachtliche erste Strophe singen. Unsere zwei weiteren kamen erst später hinzu. Ursprünglich hat der Weimarer Waisenvater Falk Ostern (»Welt lag in Banden, Christ ist erstanden«) und Pfingsten (»Christ, unser Meister, heiligt die Geister«) besungen.

Ein alter Kirchengesang gab dafür die Melodie, deren Ursprung allerdings ein sizilianisches Fischerlied sein soll.

»Ich sprach es den Kindern in der Sonntagsschule zweimal vor, da konnten es alle.«

Heute kann es alle Welt. Vielleicht ist es die bewegende Geschichte, die den einfachen Strophen solch geheimnisvolle Überzeugungskraft gibt: »Welt ging verloren, Christ ist geboren. Freue, freue dich, o Christenheit!«

Karli schreibt an das Christkind

»Liebes Christkind!

Bleib lieber im Himmel. Da bist du sicher. Bleib lieber wie Gott, da bist du allmächtig. Wenn dich jemand ärgert, lässt du ihn einfach sterben, splash, bäng, zack – und weg ist er. Wenn du aber ein Kind bist, kannst du kaum was machen. Wenn ich mich ärgere, kann ich trotzdem nichts machen. Wir Kleinen müssen uns ja alles gefallen lassen. Wenn ich aber ein großer Gott wäre, ich wäre nicht so blöd und komme als Kind auf die Welt. Also ehrlich: Bleib du lieber oben im Himmel. Sonst passiert dir nämlich was. Am Morgen musst du aufwachen, weil es spät ist. Du sollst dich gleich waschen. Deine Milch trinken, nicht so viel Zucker nehmen, dich beeilen, und so geht es weiter. Steig ein, steh richtig, träume nicht, schreib endlich, iss, was auf den Tisch kommt, lass mich in Ruhe, lass deine Schwester in Ruhe, schnell ins Bett …

Glaub ja nicht, dass es dir besser ginge. Da hilft dir nichts, dass du Flügel hast und heilig bist. Probier nur mal, die Milch nicht zu trinken. Oder lies mal im Badezimmer Mickey-Maus. Meine Schwester sagt dann ›du kleiner Depp, du‹ und Vater schimpft, dass das Leben kein Kinderspiel ist, dass ich Aufgaben machen muss und dass ich früher schlafen soll, weil das Fernsehen nicht gut tut. Hast du im Himmel eine Ahnung, was hier so los ist. Besonders jetzt. Der Pfarrer sagt, dass wir uns alle freuen, weil du gleich da bist. Mutter aber hat nichts zum Lachen. Sie muss nämlich alles für die Familie vorbereiten, da hat sie keine Zeit für die Familie. Auch Vater meint, er arbeitet sich tot für diese Familie. Das macht ihn nervös und er brüllt dann viel. Bleib da lieber weg, Christus, sonst kracht es auch bei dir, splash, bäng, zack – und du hast eine Ohrfeige weg, weil du vielleicht dazwischenredest.

Auch in deiner Kirche tut man das nicht. Nur Große wie der Pfarrer oder danach die Eltern dürfen einfach losreden. Wie Vater so klein war, sagt er, hatte er schön den Mund zu halten am Tisch und in der Kirche. Manchmal könnte er uns alle umbringen. Splash, bäng, zack. Bleib bloß im Himmel, sonst geht es dir wie in Bethlehem. Da hat der Pharao alle Kinder, die ihm zu groß wurden, einfach abgeschlachtet. Splash, bäng, zack, weg waren sie. Weil das Leben hart ist, sagt auch Onkel Paul. Weil es viele Kriminelle, Egoisten und Faulenzer gibt und die Studenten Unsinn im Kopf haben, soll ich mal lieber Ordnung lernen, meine Hände waschen und so. Weißt du, das Leben ist kein Honiglecken. Darum soll ich nicht alles kriegen, was ich will. Den ferngesteuerten Panzer krieg ich sicher nicht. Ich brauch ihn aber. Er schießt, fährt alle Kurven und rollt über alles weg. Splash, bäng, zack. Mutter drückt ein Auge zu. Karli ist noch ein Kind, sagt sie. Aber Vater drückt kein Auge zu. Zu viel Liebe tut Kindern nicht gut!, sagt er oft ganz langsam.

Wenn es dich gibt, Christkind, dann tu mal was für mich.

Servus, dein treuer Karli.«

Schon einen Tag später ist die Antwort da. In einem netten gelben Umschlag. Aber Karli findet ihn nicht nett. Heulend rennt er in die Küche. »Das ist nicht vom Christkind. Eher von meiner Schwester. Ich soll schöner schreiben, und es war der Herodes, der in Bethlehem die Kinder schlachtete, und dass ich mir Bücher wünschen soll, und Vater und Mutter meinen es gut mit mir, auch wenn sie mir mal eine herunterhauen. Das Christkind, das so was schreibt, das kenn' ich! Das seid ja ihr!«

So eine Wut so kurz vor Weihnachten lässt dem Christkind keine Ruhe. Und so findet Karli einige Tage später am Morgen unter seinem Kopfkissen einen neuen Umschlag. Diesmal in weiß.

»Lieber Karli!

Ja, mit deinem Brief hast du ziemlich Recht. Ich sollte lieber für mich bleiben mit meinen Engeln im Himmel. Bei euch geht es fast gefährlich zu, wenn ich dir glauben soll. Die Leute warten auf mich wie auf einen Gewinn im Geschäft oder im Toto. Als ob jeder der Erste sein muss. Das ist schon wirklich hart. So viel Konkurrenz. Da macht es eben schnell mal splash, bäng, zack – und weg ist einer. Bei dir in der Schule, beim Vati im Büro und in den Abendnachrichten. Ich kapiere ganz gut, dass du einen Panzer willst. Vielleicht magst du selbst ein Panzer sein. Stahlhart. So wie Goldrake. Dir in deinem Panzer kann keiner was. Stell dir vor, du bist ringsum geschlossen. Ganz sicher. Nur durch einen kleinen Schlitz schaust du misstrauisch um dich. Wenn dir einer zu nahe kommt, schießt du sofort los. Splash, bäng, zack – weg ist er. Deine freche Schwester, der gemeine Kerl von nebenan, die Großen. Du zeigst es ihnen, du bist ja um und um gepanzert, wie sie. Das Leben ist kein Kinderspiel, und jetzt kannst auch du mitmachen, stärker als deine Schwester, härter als Onkel Paul. Spannend ist das, dieses Panzerspielen. Aber es ist doch nur ein Spiel, oder?

So ernst meint ihr es doch alle gar nicht? Ihr wollt euch doch nicht alle umbringen? Weißt du was? Lass mich mal mitspielen. Ich bin nicht so frech und viel, viel kleiner und schwächer als du! Also wirst du auf jeden Fall der Erste. Natürlich kriegst du deinen Panzer. Ich kriege meine Krippe, du bist ringsum von eisenhartem Stahl eingepackt, ich in Heu und Windeln. Du kommst daher gerasselt. Aber ich weine nicht. Ich lächle. Du musst auch lachen. Komisch, so ein Panzer an der Krippe. Ein Panzer mitten unter Schafen und Hirten. Die fallen ja gleich alle um. Du hältst mal lieber, damit du mich und die Krippe nicht kaputtmachst wie der Herodes. Jetzt spielen wir Frieden. Wenn du mitmachen willst, musst du halt aus deinem Panzer heraus. Sonst kommst du nicht nahe genug an mich heran. Vielleicht magst du nicht ohne Panzer sein, ohne Schutz? Aber schau, die Hirten dort sind auch nicht stark. Einer ist sogar ein Depp. Der andere war schon eingesperrt. Aber sie tun dir nichts. Auch nicht der unheimliche Schwarze. Er ist einer wie du. Komm, spiel mit Frieden. Da gewinnt nämlich jeder. Ein Lied oder einen Freund, einen Trost, sogar einen Stern. Oder einen neuen Vati. Ohne splash, bäng, zack. Ja, du kannst sogar deine Eltern gewinnen. Steig erst mal aus deinem Panzer und du wirst staunen: Sie spielen mit. Mein Frieden gefällt ihnen. Endlich mal nicht brüllen, nicht kämpfen und doch gewinnen. Ein Lied oder einen Freund, einen Trost, sogar einen Stern.

Frag ruhig mal nach: Ob es wirklich wahr ist, dass man zu lieb sein kann? Ob Mutter deinen Vater schon mal zu lieb gehabt hat? Und wünsch dir ruhig deinen Panzer, wenn du ihn brauchst. Servus, dein Christkind.«

Wieder kommt Karli in die Küche gesaust. Er guckt etwas herum, und endlich rückt er heraus. »Du, Mutti, bist du schon mal zu lieb gewesen mit Vater?« Mutter ist erstaunt. Sie schaut den Karli an, wie wenn er das Christkind wäre. Warum er so komische Sachen fragt? Zu lieb? Nein, wohl nicht. Da schluckt der Karli seinen Rest Milch hinunter und antwortet: »Na, dann brauchst du mir auch keinen Panzer zu schenken.«

»Also so was!«, ruft die Mutter. »Ideen haben diese Kinder! Als ob Weihnachten sie ganz verrückt macht!«

Abends nimmt sie, als die Kinder endlich im Bett sind, ihren Mann beiseite und fragt: »Du sag mal, habe ich dich schon mal zu lieb gehabt?« Der Vater brummt verlegen herum, schüttelt langsam den Kopf und sagt etwas erschrocken: »Also hör mal! Ideen hast du … Als ob dir das Christkind persönlich begegnet wäre.«

Adrian Plass

Tommys Brief ans Postamt

Tommy freute sich gar nicht auf Weihnachten. Es war für jedes einzelne Mitglied seiner Familie ein sehr schweres Jahr gewesen und es gab nicht das geringste Anzeichen, dass es in nächster Zukunft besser werden würde.

Als Weihnachten immer näher rückte, fingen alle anderen Kinder in Toms Schulklasse an davon zu reden, was für einen Spaß sie haben und was sie alles spielen würden, was es Leckeres zu essen geben würde und welche Geschenke sie machen und bekommen wollten. Tom versuchte einzustimmen, aber es machte ihn nur traurig. Schließlich dachte er sich Ausreden aus, um sich ans andere Ende des Spielplatzes zurückzuziehen oder hinaus zur Toilette zu gehen, wenn es kalt und regnerisch war und die Klasse während der Pause drinnen bleiben musste. Am liebsten hätte er gar nicht über Weihnachten nachgedacht, so sehr regte es ihn auf.

Als er an einem Wochenende zu Hause in seinem Zimmer saß und Hunger hatte, weil es nicht viel Geld für Essen gab, und fror, weil die Heizung abgestellt worden war, nachdem seine Eltern die Stromrechnung nicht hatten bezahlen können, beschloss er, dem Weihnachtsmann einen Brief zu schreiben, um ihm zu erklären, was für Probleme seine Familie hatte, und ihn um ein wenig Hilfe zu bitten. In diesem Brief schrieb er Folgendes:

Lieber Weihnachtsmann,

ich weiß nicht, ob du diesen Brief jemals bekommen wirst, aber danke fürs Lesen, falls doch. Falls nicht, mach dir keine Gedanken. Ich schreibe dir, um dir mitzuteilen, dass es bei uns zu Hause ziemlich mies läuft. Mein Papa war sehr krank und hat sein ganzes Geld verloren, weil sein bester Freund, mit dem er zusammengearbeitet hat, an einen Ort namens

Südamerika abgehauen ist und Papas ganzes Geld mitgenommen hat. Jetzt geht es Papa so schlecht, dass er nicht arbeiten kann, und darum hat er kein Geld für Weihnachten. Mami würde ja arbeiten gehen, aber sie hat sich wehgetan, als sie über Papa stolperte, als er verzweifelt auf der Treppe saß, und man hat ihr gesagt, dass sie sich hinlegen muss und sechs Wochen lang nicht bewegen darf. Mein Bruder hatte einen guten Job, aber vor zwei Wochen hat man irgendwas mit ihm gemacht, »rationalisiert« oder so, und jetzt hat er einen Haufen Schulden, die er nicht abzahlen kann, weil er nichts mehr verdient, und muss sich verstecken. Unser Hund ist krank und müsste behandelt werden, aber wir können uns keinen Tierarzt leisten und unser Dach hat ein Loch und im Wetterbericht haben sie gesagt, es gibt Regen.

Bitte, könntest du uns hundert Pfund schicken, damit wir wenigstens ein bisschen nett Weihnachten feiern können?

Alles Liebe – Tommy

Als Tommys Brief im Postamt ankam, adressiert an den Weihnachtsmann, Grönland, machte ihn einer der Männer, die in der Sortierung arbeiteten, auf und zeigte einigen seiner Freunde, was Tommy geschrieben hatte.

»Guckt mal, Jungs«, sagte er, »der kleine Bursche hier braucht ein bisschen Hilfe. Wollen wir nicht im Büro eine kleine Sammlung halten und ihm das Geld schicken? Seine Adresse steht auf dem Brief; wir können ihm das Geld also einfach so schicken, als käme es vom Weihnachtsmann. Was meint ihr?«

Diese Idee fanden alle großartig. Bis zum Abend hatten sie achtzig Pfund gesammelt, die sie Tommy schicken wollten. Am nächsten Morgen steckte einer von ihnen es ihm durch den Briefschlitz, zusammen mit einem kleinen Zettel, auf dem stand: »Bitte sehr, Tommy. Alles Liebe, dein Weihnachtsmann.«

Zwei Tage später erreichte das Postamt ein weiterer Brief an den Weihnachtsmann, Grönland. Die Postbeamten öffneten ihn rasch, begierig, Tommys Dankesbrief zu lesen. Sie lasen Folgendes:

Lieber Weihnachtsmann,
hab ganz herzlichen Dank für das Geld. Ich habe zwar nur achtzig Pfund davon bekommen, aber du weißt ja, was das für räuberische Halunken auf dem Postamt sind …

Dina Donohue

Kein Raum in der Herberge

Walter Bulling war gerade neun Jahre alt geworden und ging in die zweite Grundschulklasse, obwohl er eigentlich in der vierten hätte sein sollen. Er war groß und unbeholfen, langsam in seinen Bewegungen und im Denken, aber seine Klassenkameraden mochten ihn. Er war stets hilfsbereit, gutmütig und heiter und der geborene Beschützer der Jüngeren. Eigentlich wäre Walter im Krippenspiel gern ein Schäfer mit einer Flöte gewesen, aber Fräulein Schmitt hatte ihm eine wichtigere Rolle zugedacht.

Der Wirt hatte schließlich nur wenige Zeilen zu sprechen – so überlegte sie sich –, und Walters Größe würde der Weigerung, Joseph und Maria zu beherbergen, mehr Nachdruck verleihen.

So versammelte sich wie gewohnt die zahlreiche Zuhörerschaft zu der alljährlichen Aufführung der Weihnachtsgeschichte mit Hirtenstäben und Krippe, Bärten, Kronen, Heiligenscheinen und einer ganzen Bühne voll heller Kinderstimmen.

Doch weder auf der Bühne noch im Zuschauerraum gab es jemanden, der vom Zauber dieses Abends mehr gefangen war als Walter Bulling. Es kam der Augenblick, wo Joseph auftrat und Maria behutsam vor die Herberge führte. Joseph pochte laut an die Holztür, die man in die gemalte Kulisse eingesetzt hatte. Walter als Wirt stand dahinter und wartete: »Was wollt ihr?«, fragte er barsch und stieß die Tür heftig auf. »Wir suchen Unterkunft.« – »Sucht sie anderswo.« Walter blickte starr geradeaus, sprach aber mit kräftiger Stimme. »Die Herberge ist voll.« – »Herr, wir haben überall vergeblich gefragt. Wir kommen von weit her und sind sehr erschöpft.« – »In dieser Herberge gibt es keinen Platz für euch.« Walter blickte streng. »Bitte, lieber Wirt – das hier ist meine Frau Maria. Sie ist schwanger und braucht einen Platz zum Ausruhen. Ihr habt doch sicher ein Eckchen für sie. Sie ist so müde.«

Jetzt lockerte der Wirt zum ersten Mal seine starre Haltung und schaute auf Maria hinab. Dann folgte eine lange Pause, so lang, dass es für die Zuhörer schon ein bisschen peinlich wurde. »Nein! Schert euch fort!«, flüsterte der Souffleur aus der Kulisse. »Nein!«, wiederholte Walter automatisch. »Schert euch fort!«

Traurig legte Joseph den Arm um Maria, und Maria lehnte den Kopf an die Schulter ihres Mannes. So wollten sie ihren Weg fortsetzen. Aber der Wirt ging nicht wieder in seine Herberge zurück. Walter blieb auf der Schwelle stehen und blickte dem verlassenen Paar nach – mit offenem Mund, die Stirn sorgenvoll gefurcht, und man sah deutlich, dass ihm die Tränen in die Augen traten. Und plötzlich wurde dieses Krippenspiel anders als alle bisherigen.

»Bleib hier, Joseph«, rief Walter, »bring Maria wieder her!«

Walter Bullings Gesicht verzog sich zu einem breiten Lächeln. »Ihr könnt mein Zimmer haben.«

Manche Leute meinten, Walter habe das Spiel verdorben. Aber viele, viele andere hielten es für das weihnachtlichste aller Krippenspiele, die sie je gesehen hatten.

Heinrich Albertz

Eine andere Weihnachtsgeschichte

Es muss 1951 gewesen sein. Wir hatten ein Haus in einem Vorort von Hannover bezogen. Ein wahrer Glücksfall, sechs Jahre nach der Flucht aus Schlesien nun ein Haus, mit einem großen Garten, eigenen Zimmern für die Kinder, unvorstellbar nach der Enge zuvor. Und es war Weihnachten. Der Morgen des Heiligen Abends, für die Kinder die Stunde größter Ungeduld, für die Frau die Hetze letzter Vorbereitungen auf das große Fest.

Sie musste noch einmal in die Stadt. Da liegt frierend und mit bettelnden Augen ein völlig verhungerter junger Hund vor der Haustür. Er möchte ins Haus, fressen und trinken. Er wird eingelassen und bekommt, was er will, gierig, völlig verhungert stürzt er sich auf den Fressnapf, umringt von den Kindern. Sie wollen ihn behalten. Aber nun – zu drei Menschenkindern noch ein Hund, und noch dazu dieser, verdreckt, eine Mischung aus Terrier und Pudel –, und wem ist er entlaufen? Außerdem muss meine Frau in die Stadt.

So wird er wieder hinausgeführt. Aber er läuft mit, immer hinter der Frau, als gehöre er schon dazu, bis zur Haltestelle. Die Straßenbahn kommt, er will mit einsteigen. Er darf es nicht. Er bleibt zurück, ein Häufchen Elend, frierend und schmutzig. – Meine Frau ist wohl eine kleine Stunde in der Stadt geblieben. Aber als sie – zurück mit den letzten Einkäufen – wieder aussteigt, sieht sie ihn wieder: Er hat diese Stunde gewartet, auf seine letzte Hoffnung: dass er aufgenommen würde ins Warme und Menschliche. So kommen sie beide zusammen wieder an, jubelnd von den Kindern begrüßt. Der Vater wird gefragt: Ja, am Heiligen Abend müssen wir ihn wohl aufnehmen. Im Stall von Bethlehem war sicher auch ein Hund. Auf den alten Bildern ist er immer wieder zu sehen. Er sieht dem kleinen Heimatlosen sehr ähnlich.

So ist er geblieben. Er blieb 14 Jahre. Er war ein treuer Hund. Er zog mit uns nach Berlin und wurde der unbestrittene Herr ganzer Straßen in Lichterfelde. Er zeugte unzählige Kinder. Noch heute sind sie in Enkeln und Urenkeln zu erkennen, schwarzweiß, sehr preußisch. Er kämpfte mit allen Artgenossen, todesmutig. Er wartete Stunden vor den Gartentoren läufiger Hündinnen und fror einmal beinahe im Eise an. Er war Liebling und Held, sehr robust, fast ordinär, aber zuverlässig und uns allen unbeirrbar zugetan. Er starb 1965. Er hieß Fips.

Wäre es nun nicht der Heilige Abend gewesen, damals in Weserfeld, hätten wir ihn je geschenkt bekommen?

Wer einmal realisiert hat:
Gott ward Mensch,
der kann nicht unmenschlich
reden und handeln.

Karl Barth

Josef Brodsky

Im Streichholzlicht

Im Streichholzlicht denk dir den Abend in der Grotte,
benutz, um die Kälte zu spüren, im Boden
die Risse, nimm Geschirr, und den Hunger schon fühlst du,
und was die Wüste betrifft: überall ist die Wüste.
Im Streichholzlicht denk dir die Grotte, die Nacht dann,
das Feuer, den Umriss der Tiere, der Sachen,
im Handtuch die Falten – als Gesichter, verschwimmend –
Maria und Josef, den Säugling im Bündel.
Denk dir die drei Könige, den Zug der Karawanen
zur Grotte; viel eher ein Nahen dreier Strahlen
zum Stern hin, das Knirschen der Fracht, das Geklirre
(das Kind hat noch gar nichts verdient für ihre
Glocke samt Echo in der dichtesten Bläue).
Denk dir, dass der Herr in dem Mensch-Sohn dem neuen
erstmals sich erkennt, aus der gewaltigen großen
Distanz in dem Dunkel: Obdachlos im Obdachlosen.

Heinrich Böll

So ward Abend und Morgen

Erst mittags war er auf den Gedanken gekommen, die Weihnachtsgeschenke für Anna im Bahnhof am Gepäckschalter abzugeben; er war glücklich über den Einfall, weil er ihn der Notwendigkeit enthob, gleich nach Hause zu gehen. Seitdem Anna nicht mehr mit ihm sprach, fürchtete er sich vor der Heimkehr; ihre Stummheit wälzte sich über ihn wie ein Grabstein, sobald er die Wohnung betreten hatte. Früher hatte er sich auf die Heimkehr gefreut, zwei Jahre lang seit dem Hochzeitstag: er liebte es, mit Anna zu essen, mit ihr zu sprechen, dann ins Bett zu gehen; am meisten aber liebte er die Stunde zwischen Zu-Bett-Gehen und einschlafen. Anna schlief früher ein als er, weil sie jetzt immer müde war – und er lag im Dunkeln neben ihr, hörte ihren Atem, und aus der Tiefe der Straße schossen manchmal die Scheinwerfer der Autos Licht über die Zimmerdecke, Licht, das sich senkte, wenn die Autos die Steigung der Straße erreicht hatten, Streifen hellen gelben Lichts, das für einen Augenblick das Profil seiner schlafenden Frau an die Wand warf; dann fiel wieder Dunkelheit übers Zimmer, und es blieben nur die zarten Kringel: das Muster des Vorhangs, vom Gaslicht der Laterne an die Decke gezeichnet. Diese Stunde liebte er von allen Stunden des Tages am meisten, weil er spürte, wie der Tag von ihm abfiel und er langsam in den Schlaf tauchte wie in ein Bad.

Jetzt schlenderte er zögernd am Gepäckschalter vorbei, sah hinten seinen Karton noch immer zwischen dem roten Lederkoffer und der Korbflasche stehen. Der offene Aufzug, der vom Bahnsteig herunterkam, war leer, weiß von Schnee, er senkte sich wie ein Blatt Papier in den grauen Beton des Schalterraums, und der Mann, der ihn bedient hatte, kam nach vorne und sagte zu dem Beamten: »Jetzt wird's richtig Weihnachten. Ist doch schön, wenn die Kinder Schnee haben, was?« Der Beamte nickte, spießte stumm Zettel auf einen Nagel, zählte das Geld in seiner Holzschublade und sah misstrauisch zu Brenig hinüber, der den Gepäckschein aus der Tasche genommen, ihn aber dann wieder zusammengelegt und eingesteckt hatte. Er war schon zum dritten Mal hier, hatte zum dritten Mal den Zettel herausgenommen und ihn wieder eingesteckt. Die misstrauischen Blicke des Beamten störten ihn, und er schlenderte zum Ausgang, blieb dort stehen und sah auf den leeren Vorplatz. Er liebte den Schnee, liebte die Kälte: als Junge hatte er sich daran berauscht, die kalte klare Luft einzuatmen, und er warf jetzt seine Zigarette weg und hielt sein Gesicht in den Wind, der leichte und sehr viele Schneeflocken auf den Bahnhof zutrieb. Brenig hielt die Augen offen, denn er mochte es, wenn sich die Flocken an seinen Wimpern festklebten, immer neue, während die alten schmolzen und in kleinen Tropfen über seine Wangen liefen. Ein Mädchen ging schnell an ihm vorbei, und er sah, wie ihr grüner Hut, während sie über den Vorplatz lief, vom Schnee bedeckt wurde, aber erst als sie an der Straßenbahnstation stand, erkannte er in ihrer Hand den kleinen roten Lederkoffer, der neben seinem Karton im Gepäckraum gestanden hatte.

Man sollte nicht heiraten, dachte Brenig, sie gratulieren einem, schicken einem Blumen, lassen blöde Telegramme ins Haus bringen, und dann lassen sie einen allein. Sie erkundigen sich, ob man an alles gedacht hat: an das Küchengerät, vom Salzstreuer bis zum Herd, und zuletzt vergewissern sie sich, ob auch die Flasche mit Suppenwürze im Schrank steht. Sie rechnen nach, ob man eine Familie ernähren kann, aber was es bedeutet, eine Familie zu sein, das sagt einem keiner. Blumen schicken sie, zwanzig Sträuße, und es riecht wie bei einer Beerdigung, dann zerschmeißen sie Porzellan vor der Haustür und lassen einen allein.

Ein Mann ging an ihm vorbei, und er hörte, dass der Mann betrunken war und sang: »Alle Jahre wieder«, aber Brenig veränderte die Lage seines Kopfes nicht, und so bemerkte er erst spät, dass der Mann eine Korbflasche in der rechten Hand trug, und er wusste, dass der Karton mit den Weihnachtsgeschenken für seine Frau jetzt allein oben auf dem obersten Brett im Gepäckraum stand. Ein Schirm war drin, zwei Bücher und ein großes Piano aus Mokkaschokolade: die weißen Tasten waren aus Marzipan, die dunklen aus reinem Krokant. Das Schokoladenpiano war so groß wie ein Lexikon, und die Verkäuferin hatte gesagt, dass sich die Schokolade ein halbes Jahr hielte. – Vielleicht war ich zu jung zum Heiraten, dachte er, vielleicht hätte ich warten sollen, bis Anna weniger ernst und ich ernster geworden wäre, aber er wusste ja, dass er ernst genug, und Annas Ernst gerade richtig war. Er liebte sie deswegen. Um der Stunde vor dem Einschlafen willen hatte er aufs Kino, aufs Tanzen verzichtet, hatte Verabredungen nicht eingehalten. Abends, wenn er im Bett lag, kam Frömmigkeit über ihn, Frieden, und er wiederholte sich dann oft den Satz, dessen Wortlaut er nicht mehr ganz genau wusste: »Gott schuf die Erde und den Mond, ließ sie über den Tag und die Nacht walten, zwischen Licht und Finsternis scheiden, und Gott sah, dass es gut war. So ward Abend und Morgen.« Er hatte sich vorgenommen, in Annas Bibel den Satz noch einmal genau nachzulesen, aber er vergaß es immer wieder. Dass Gott Tag und Nacht erschaffen hatte, erschien ihm mindestens so großartig wie die Erschaffung der Blumen, der Tiefe und des Menschen.

Er liebte diese Stunde vor dem Einschlafen über alles. Aber seitdem Anna nicht mehr mit ihm sprach, lag ihre Stummheit wie ein Gewicht auf ihm. Hätte sie nur gesagt: »Es ist kälter geworden …« oder: »Es wird regnen …«, er wäre erlöst gewesen – hätte sie nur »ja, ja« oder »nein, nein« gesagt, irgendetwas viel Dümmeres als das, er wäre glücklich und der Gedanke an die Heimkehr wäre nicht mehr schrecklich gewesen. Aber ihr Gesicht war für Augenblicke wie aus Stein, und in diesen Augenblicken wusste er plötzlich, wie sie als alte Frau aussehen würde: er erschrak, sah plötzlich dreißig Jahre weit vorwärtsgeworfen in die Zukunft wie in eine steinerne Ebene, sah auch sich alt, mit einem Gesicht, wie die Männer es hatten, die er kannte: gerillt von Bitternis, krampfig von verschlucktem Schmerz und leise mit Galle durchgefärbt bis in die Nasenflügel hinein: Masken, durch den Alltag gestreut wie Totenköpfe …

Manchmal auch, obwohl er sie erst seit drei Jahren kannte, hatte er gewusst, wie sie als kleines Mädchen ausgesehen hatte, er sah sie als Zehnjährige träumend über einem Buch bei Lampenlicht, ernsthaft, dunkel die Augen unter den hellen Wimpern, blinzelnd über dem Gelesenen mit offenem Mund … Oft, wenn er ihr beim Essen gegenübersaß, veränderte sich ihr Gesicht wie jene Bilder, die sich durch Schütteln verändern, und er wusste plötzlich, dass sie schon als Kind genauso dagesessen hatte, vorsichtig die Kartoffeln mit der Gabel zerkleinert und die Soße langsam hatte darübertröpfeln lassen …

Der Schnee hatte seine Wimpern fast verklebt, aber er konnte noch die 4 erkennen, die leise über den Schnee heranglitt wie ein Schlitten.

Vielleicht sollte ich sie anrufen, dachte er, sie bei Mendes ans Telefon bitten, dann würde sie mit mir sprechen müssen. Gleich nach der 4 würde die 7 kommen, die letzte, die an diesem Abend fuhr, aber ihn fror jetzt, und er ging langsam über den Platz, sah von weitem die hell erleuchtete blaue 7, blieb unentschlossen an der Telefonzelle stehen und sah in ein Schaufenster hinein, wo die Dekorateure Weihnachtsmänner und Engel gegen andere Puppen auswechselten:

dekolletierte Damen, deren nackte Schultern mit Konfetti bestreut, deren Handgelenke mit Luftschlangen gefesselt waren. Puppen von Kavalieren mit grau meliertem Haar wurden hastig auf Barhocker gesetzt, Pfropfen von Sektflaschen auf die Erde gestreut, einer Puppe wurden die Flügel und Locken abgenommen, und Brenig wunderte sich, wie schnell sich ein Engel in einen Mixer verwandeln ließ. Schnurrbart, dunkle Perücke, und fix an die Wand genagelt den Spruch: »Silvester ohne Sekt?«

Weihnachten war hier schon zu Ende, bevor es angefangen hatte. Vielleicht, dachte er, ist auch Anna zu jung, sie war erst einundzwanzig, und während er im Schaufenster sein Spiegelbild betrachtete, sah er, dass der Schnee seine Haare wie eine kleine Krone bedeckte – so hatte er es früher auf Zaunpfählen gesehen –, fiel ihm ein, dass die Alten Unrecht hatten, wenn sie von der fröhlichen Jugendzeit sprachen: wenn man jung war, war alles ernst und schwer, und niemand half einem, und er wunderte sich plötzlich, dass er Anna ihrer Stummheit wegen nicht hasste, dass er nicht wünschte, eine andere geheiratet zu haben. Das ganze Vokabular, das einem so zugetragen wurde, galt nicht: Verzeihung, Scheidung, neu anfangen, die Zeit wird helfen – alle diese Worte halfen einem nichts. Man musste allein damit fertig werden, weil man anders war als die anderen und weil Anna eine andere Frau war als die Frauen der anderen.

Flink nagelten die Dekorateure Masken an die Wände, reihten Knallbonbons auf eine Schnur; die letzte 7 war längst abgefahren, und der Karton mit den Geschenken für Anna stand allein oben auf dem Regal.

Ich bin fünfundzwanzig, dachte er, und muss für eine Lüge, eine kleine Lüge, eine dumme Lüge, wie sie Millionen Männer jede Woche oder jeden Monat begehen, so hart bestraft werden: mit einem Blick in die steinerne Zukunft, muss Anna als Sphinx vor dieser Steinwüste hocken sehen, mich selbst, gelblich durchfärbt von Bitternis als alten Mann. Ja, immer würde die Flasche mit Suppenwürze im Schrank stehen, der Salzstreuer am rechten Ort, und er würde längst Abteilungsleiter sein und seine Familie gut ernähren können: eine steinerne Sippe, und niemals mehr würde er im Bett liegen und in der Stunde vor dem Einschlafen die Erschaffung des Abends loben, Gott für den großen Feierabend danken, und er würde jungen Leuten zur Hochzeit so dumme Telegramme schicken, wie er sie bekommen hatte …

Andere Frauen hätten gelacht über eine so dumme Lüge wegen des Gehalts, andere Frauen wussten, dass alle Männer ihre Frauen belogen: es war vielleicht eine Art naturbedingter Notwehr, gegen die sie ihre eigenen Lügen erfanden, Annas Gesicht aber war zu Stein geworden. Es gab auch Bücher über die Ehe, und er hatte in diesen Büchern nachgelesen, was man tun konnte, wenn etwas in der Ehe schief ging, aber in keinem der Bücher hatte etwas von einer Frau gestanden, die zu Stein geworden war. Es stand in den Büchern, wie man Kinder bekam und wie man keine Kinder bekam, und es waren viele große und schöne Worte, aber die kleinen Worte fehlten.

Die Dekorateure hatten ihre Arbeit beendet: Luftschlangen hingen über Drähten, die außerhalb des Blickwinkels befestigt waren, und er sah im Hintergrund des Ladens einen von den Männern mit zwei Engeln unter dem Arm verschwinden, während der zweite noch eine Tüte mit Konfetti über die nackten Schultern der Puppen leerte und das Schild »Silvester ohne Sekt?« noch ein wenig zurechtrückte.

Brenig klopfte sich den Schnee von den Haaren, ging über den Platz zurück in die Bahnhofshalle, und als er den Gepäckschein zum vierten Male herausgenommen und geglättet hatte, lief er schnell, als habe er keine Sekunde mehr zu verlieren. Aber der Gepäckschalter war geschlossen, und es hing ein Schild vor dem Gitter: »Wird 10 Minuten vor Ankunft oder Abfahrt eines Zuges geöffnet.« Brenig lachte, er lachte zum ersten Mal seit Mittag und blickte auf seinen Karton, der oben auf dem Regal hinter Gittern wie in einem Gefängnis lag. Die Abfahrtstafel hing neben dem Schalter, und er sah, dass der nächste Zug erst in einer Stunde ankam. So lange kann ich nicht warten, dachte er, und nicht einmal Blumen oder eine Tafel Schokolade werde ich um diese Zeit bekommen, nicht ein kleines Buch, und die letzte 7 ist weg. Zum ersten Mal in seinem Leben dachte er daran, ein Taxi zu nehmen, und er kam sich sehr erwachsen vor, zugleich ein wenig albern, als er über den Bahnhofsvorplatz zu den Taxis lief.

Er saß hinten im Wagen, hielt sein Geld in der Hand: 10 Mark, sein letztes Geld, das er reserviert hatte, um für Anna noch etwas Besonderes zu kaufen, aber er hatte nichts Besonderes zu kaufen, und nun saß er da mit seinem Geld in der Hand und beobachtete das Taxameter, das in kurzen Abständen – in sehr kurzen Abständen schien ihm – jedes Mal um einen Groschen stieg, und jedes Mal, wenn das Taxameter klickte, traf es ihn wie ins Herz, obwohl die Uhr erst bei DM 2,80 stand. Ohne Blumen, ohne Geschenke, hungrig, müde und dumm komme ich nach Hause, und ihm fiel ein, dass er im Wartesaal sicher eine Tafel Schokolade bekommen hätte.

Die Straßen waren leer, das Auto fuhr fast geräuschlos durch den Schnee, und in den Häusern konnte Brenig hinter den erleuchteten Fenstern die Weihnachtsbäume brennen sehen: Weihnachten, das, was er als Kind darunter verstanden und an diesem Tag empfunden hatte, das schien ihm weit weg: was wichtig war und schwer wog, geschah unabhängig vom Kalender, und in der Steinwüste würde Weihnachten wie irgendein Tag im Jahr und Ostern gleich einem regnerischen Novembertag sein: dreißig, vierzig abgerissene Kalender, Blechhalter mit ausgefransten Papierresten, das würde übrigbleiben, wenn man nicht aufpasste …

Er erschrak, als der Fahrer sagte: »Da sind wir …« Dann war er erleichtert, zu sehen, dass das Taxameter auf DM 3,40 stehen geblieben war. Er wartete ungeduldig, bis er auf sein Fünfmarkstück herausbekommen hatte, und es wurde ihm leicht ums Herz, als er oben Licht sah in dem Zimmer, wo Annas Bett neben seinem stand. Er nahm sich vor, nie diesen Augenblick der Erleichterung zu vergessen, und als er den Hausschlüssel herauszog, ihn in die Tür steckte, spürte er wieder dieses dumme Gefühl, das er beim Besteigen des Taxis gespürt hatte: er kam sich so erwachsen vor, zugleich ein wenig albern.

In der Küche stand der Weihnachtsbaum auf dem Tisch, und es lagen Geschenke für ihn da: Strümpfe, Zigaretten und ein neuer Füllfederhalter und ein hübscher, bunter Kalender, den er sich im Büro würde über den Schreibtisch hängen können. Die Milch stand in der Kasserolle auf dem Herd, er brauchte nur das Gas anzuzünden, und die Brote waren fertig zubereitet auf dem Teller – aber das war jeden Abend so gewesen, auch seitdem Anna nicht mehr mit ihm sprach, und das Aufstellen des Weihnachtsbaumes und Zurechtlegen der Geschenke war wie das Schmieren der Brote: eine Pflicht, und Anna würde immer ihre Pflicht tun. Er hatte keine Lust auf die Milch, und auch die appetitlichen Brote reizten ihn nicht. Er ging in die kleine Diele und sah sofort, dass Anna das Licht gelöscht hatte. Die Tür zum Schlafzimmer aber war offen, und er rief ohne viel Hoffnung leise in das dunkle Viereck: »Anna, schläfst du?« Er wartete, lange schien ihm, als fiele seine Frage unendlich tief, und das dunkle Schweigen in dem dunklen Viereck der Schlafzimmertür enthielt alles, was in dreißig, vierzig Kalenderjahren noch auf ihn wartete – und als Anna »nein« sagte, glaubte er, sich verhört zu haben, vielleicht war es eine Täuschung, und er sprach hastig und laut weiter: »Ich habe eine Dummheit gemacht. Ich habe die Geschenke für dich bei der Aufbewahrung am Bahnhof abgegeben, und als ich sie holen wollte, war geschlossen, und ich wollte nicht warten. Ist es schlimm?«

Diesmal war er sicher, ihr »Nein« richtig gehört zu haben, aber er hörte auch, dass dieses »nein« nicht aus der Ecke des Zimmers kam, wo ihre Betten gestanden hatten. Offenbar hatte Anna ihr Bett unters Fenster gerückt. »Es ist ein Schirm«, sagte er, »zwei Bücher und ein kleines Piano aus Schokolade, es ist so groß wie ein Lexikon, die Tasten sind aus Marzipan und Krokant.« Er sprach nicht weiter, lauschte auf Antwort, aber es kam nichts aus dem dunklen Viereck, aber als er fragte: »Freust du dich?«, kam das »Ja« schneller als die beiden »Nein« vorher …

Er löschte das Licht in der Küche, zog sich im Dunklen aus und legte sich in sein Bett: durch die Vorhänge hindurch konnte er die Weihnachtsbäume im Hause gegenüber sehen, und unten im Hause wurde gesungen, er aber hatte seine Stunde wieder, hatte zwei »Nein« und ein »Ja«, und wenn ein Auto die Straße heraufkam, schoss der Scheinwerfer für ihn Annas Profil aus der Dunkelheit heraus …

Einsiedlers Heiliger Abend

Ich hab' in den Weihnachtstagen
Ich weiß auch, warum
Mir selbst einen Christbaum geschlagen,
Der ist ganz verkrüppelt und krumm.

Ich bohrte ein Loch in die Diele
Und steckte ihn da hinein
Und stellte rings um ihn viele
Flaschen Burgunderwein.

Und zierte, um Baumschmuck und Lichter
Zu sparen, ihn abends noch spät
Mit Löffeln, Gabeln und Trichter
Und anderem blanken Gerät.

Ich kochte zur heiligen Stunde
Mir Erbsensuppe mit Speck
Und gab meinem fröhlichen Hunde
Gulasch und litt seinen Dreck.

Und sang aus burgundernder Kehle
Das Pfannenflickerlied.
Und pries mit bewundernder Seele
Alles das, was ich mied.

Es glimmte petroleumbetrunken
Später der Lampendocht.
Ich saß in Gedanken versunken.
Da hat's an die Türe gepocht,

Und pochte wieder und wieder.
Es konnte das Christkind sein.
Und klang's nicht wie Weihnachtslieder?
Ich aber rief nicht: »Herein!«

Joachim Ringelnatz

Pearl S. Buck

An jenem Morgen

Er war plötzlich hellwach. Es war vier Uhr morgens, die Stunde, da sein Vater ihn immer gerufen hatte, er solle aufstehen und beim Melken helfen. Seltsam, wie ihm seine Jugendgewohnheiten noch anhafteten! Fünfzig Jahre war das jetzt her, und sein Vater lag schon über dreißig Jahre unter der Erde, und doch wachte er immer um vier Uhr morgens auf. Sonst hatte er sich stets auf die Seite gedreht und weitergeschlafen, heute aber war Weihnachten, und da wollte er nicht wieder einschlafen.

Seine Kindheit lag schon so weit zurück, seine eigenen Kinder waren groß geworden und fortgezogen. Er lebte mit seiner Frau allein. Gestern hatte sie gesagt: »Vielleicht ist es nicht der Mühe wert …« Und er hatte erwidert: »O doch, Alice, wenn auch nur wir beide noch da sind, wollen wir doch unser Weihnachtsfest feiern.« Dann hatte sie gesagt: »Den Baum schmücken wir morgen, so dass er fertig ist, wenn die Kinder kommen. Heute bin ich zu müde.« Er hatte zugestimmt, und der Baum stand noch draußen.

In Gedanken versetzte er sich in jene frühe Zeit zurück. Fünfzehn Jahre war er damals alt gewesen und lebte noch auf dem Hof seines Vaters. Er liebte seinen Vater sehr. Aber er wusste das erst an jenem Tag kurz vor Weihnachten, als er zufällig gehört hatte, wie sein Vater zu der Mutter sagte: »Mary, es ist mir schrecklich, Rob so früh wecken zu müssen. Er wächst so rasch und braucht seinen Schlaf. Ich wollte, ich könnte ohne ihn fertig werden!« – »Das kannst du nicht«, erwiderte die Mutter. »Außerdem ist er kein Kind mehr. Es ist an der Zeit, dass er mehr zupackt.« – »Ja«, meinte der Vater. »Aber jedenfalls ist es mir arg, ihn zu wecken.«

Da wusste er, dass sein Vater ihn lieb hatte. Jetzt gab es

kein Herumtrödeln mehr, und er beeilte sich am Morgen, wenn auch noch fast taumelnd vor Schlaf. Und dann lag er in jener Nacht vor Weihnachten, als er fünfzehn war, still da und schaute zu seinem Dachfenster hinaus.

»Papa«, hatte er gefragt, »was meint man denn mit dem Stall?« – »Eben einen Viehstall«, hatte sein Vater geantwortet, »so wie der unsere.«

So war also Jesus in einem Viehstall geboren, und die Hirten und Weisen aus dem Morgenland waren zu dem Stall gekommen, um ihre Geschenke zu bringen! Der Gedanke durchfuhr ihn wie ein Dolch. Warum sollte er nicht auch seinem Vater draußen im Stall ein besonderes Geschenk machen? Er konnte früh aufstehen, schon vor vier, sich in den Stall schleichen und das ganze Melken besorgen. Er würde alles allein tun, und wenn dann sein Vater hereinkam, würde er sehen, dass alles bereits getan war.

Vielleicht zwanzigmal musste er in jener Nacht aufgewacht sein und jedes Mal ein Streichholz angezündet haben. Kurz vor drei stand er auf und zog sich an. Die Kühe blickten verschlafen und verwundert drein. Auch für sie war es zu früh. Aber sie ließen ihn friedlich gewähren, und er brachte jeder Kuh ein wenig Heu und holte dann die Eimer und die Milchkannen.

Nie zuvor hatte er allein gemolken, aber es kam ihm geradezu leicht vor. Er dachte dabei, wie überrascht sein Vater sein würde. Er würde die zwei großen Milchkannen holen wollen, aber sie wären weder da noch leer, sondern würden gefüllt in der Milchkammer stehen. Die Arbeit ging ihm leichter von der Hand als sonst. Melken war diesmal für ihn keine Anstrengung mehr, sondern ein Geschenk für seinen Vater, der ihn lieb hatte. Er war fertig, die beiden Kannen waren voll, er trug sie in die Kammer und schloss sorgfältig die Tür. Er stellte den Schemel auf seinen Platz und hängte den sauberen Milcheimer auf.

Als er wieder in seinem Zimmer war, hatte er nur einen Augenblick Zeit, in der Dunkelheit seine Kleider abzustreifen und ins Bett zu schlüpfen, denn er hörte seinen Vater heraufkommen. Er zog die Bettdecke über die Ohren, um sein Keuchen zu dämpfen. Die Tür wurde geöffnet. »Rob!«, rief der Vater, »wir müssen aufstehen, auch wenn es Weihnachten ist.«

»Ist schon recht«, erwiderte er verschlafen.

»Geh inzwischen voran«, sagte sein Vater.

Die Tür schloss sich, er lag still da und lachte in sich hinein. In ein paar Minuten würde sein Vater es wissen. Die Minuten waren endlos – endlich hörte er wieder die Schritte. Wieder ging die Tür auf, und er lag still. »Du hast wohl gedacht, du könntest mich zum Narren halten?« Sein Vater stand neben ihm und zog ihm die Decke weg. »Es ist doch für Weihnachten, Papa!«

Er fühlte, wie sich die Arme seines Vaters um ihn legten. »Sohn, ich danke dir. Du hättest mir keine größere Freude machen können …« Ach, was für ein Weihnachten war das, sein Herz war fast vor Stolz zersprungen, als sein Vater es der Mutter erzählte und die jüngeren Geschwister ermahnte, gut zuzuhören, wie er, Rob, ganz aus eigenen Stücken aufgestanden sei: »Das schönste Weihnachtsgeschenk, das ich je bekam. So lange ich lebe, mein Sohn, werde ich mich jedes Jahr am Weihnachtsmorgen daran erinnern.«

Sie hatten sich beide daran erinnert, und jetzt, da sein Vater tot war, erinnerte er sich allein an jenen gesegneten Weihnachtsmorgen.

Er stand auf, schlüpfte in Schlafrock und Pantoffeln und ging leise auf den Speicher hinauf, um die Schachteln mit dem Christbaumschmuck zu holen. Ach, da war ja auch die Krippe, genau wie früher! Er trug alles ins Wohnzimmer. Dann brachte er den Baum herein und begann, ihn sorgfältig zu schmücken. Das war rasch getan.

Die Zeit verstrich im Flug wie damals vor langer Zeit in dem Stall. Er holte sein besonderes Geschenk für seine Frau, einen mit Brillanten und Smaragden besetzten Anhänger, nicht groß, aber mit schönen Steinen. Er hängte das Päckchen an den Baum und trat zurück.

Aber er war noch nicht befriedigt. Er wollte ihr sagen, wie sehr er sie liebte. Es war lange her, seit er ihr das gesagt hatte, obschon er sie in einer besonderen Art mehr liebte als in ihrer Jugend. Ach, das war das wahre Glück im Leben, diese Fähigkeit, aufrichtig zu lieben! Denn er war überzeugt, dass manche Menschen einfach unfähig waren, jemanden zu lieben. Das war das Entscheidende: Nur Liebe konnte Liebe wecken. Und er konnte diese Gabe immer wieder geben. Diesen Morgen – diesen gesegneten Morgen würde er seiner geliebten Frau geben. Die Kerzen, die er angezündet hatte, brannten friedlich weiter und sandten ihr warmes Licht über den Raum. Ja, er könnte es in einem Brief für seine Frau niederschreiben, den sie lesen und dann immer aufheben würde. Er ging zum Schreibtisch und begann seinen Liebesbrief an seine Frau. »Meine Inniggeliebte …«, begann er.

Als er fertig war, verschloss er ihn und hängte ihn an den Baum, wo sie ihn als erstes sehen würde, wenn sie ins Zimmer trat. Sie würde ihn lesen, überrascht und dann gerührt sein und merken, wie sehr er sie liebte.

O. Henry

Das Weihnachtsgeschenk

Ihr ganzes Vermögen war 1 Dollar, 87 Cent, davon 60 Cent in Pennystücken. Alles mühsam zusammengekratzt und gespart. Und morgen war Weihnachten. Nichts blieb übrig, als sich auf die kleine, schäbige Couch zu werfen und zu heulen. Das tat Della denn auch, und es beweist uns, dass sich das Leben eigentlich aus Schluchzen, Seufzen und Lächeln zusammensetzt, wobei das Seufzen unbedingt vorherrscht. Inzwischen betrachten wir das Heim etwas näher. Es ist eine kleine möblierte Wohnung zu acht Dollar in der Woche. Sie sieht nicht gerade armselig aus, ist davon aber auch nicht allzu weit entfernt. Unten im Hausflur hängt ein Briefkasten, in den niemals Briefe geworfen werden; daneben steckt der Knopf einer elektrischen Klingel, der kaum jemand je einen Ton abschmeichelt. Weiter befindet sich dort auch eine Karte, die den Namen »Mr. James Dillingham Young« trägt. Dieses »Dillingham« war während einer Zeit vorübergehenden Wohlstandes ins Leben gerufen worden, als sein Besitzer dreißig Dollar in der Woche verdiente. Jetzt, da das Einkommen auf zwanzig Dollar zusammengeschrumpft ist, muten die Buchstaben von »Dillingham« etwas verschwommen an, als ob sie ernstlich beabsichtigten, sich zu einem bescheidenen anspruchslosen »D« zusammenzuziehen. Wenn aber Mr. J. D.Y. jeweils seine Etage erreichte, so wurde er »Jim« gerufen und von Frau J. D.Y., uns bereits als Della bekannt, zärtlich umarmt, womit das Buchstabenproblem unwichtig wurde. Somit ist alles in bester Ordnung.

Della hörte zu weinen auf und tröstete ihre Wangen mit der Puderquaste. Sie stand am Fenster und schaute bedrückt einer grauen Katze zu, die im grauen Hinterhof über einen grauen Zaun balancierte. Morgen war Weihnachten, und sie hatte nur das wenige Geld, um Jim ein Geschenk zu kaufen.

Im Zimmer hing zwischen den Fenstern ein Spiegel. Wie hingewirbelt stand Della plötzlich mit hell leuchtenden Augen vor ihm. Rasch löste sie ihr Haar und ließ es in seiner ganzen Länge fallen.

Im Besitze der J. D.Ys. gab es zwei Dinge, in die sie ihren ganzen Stolz setzten. Das eine war Jims goldene Uhr, die vor ihm seinem Vater und seinem Großvater gehört hatte. Das andere war Dellas Haar. Hätte in der Wohnung jenseits des Hofes die Königin von Saba gewohnt, Della hätte ihr Haar zum Trocknen aus dem Fenster gehängt, einzig und allein, um die Juwelen und Schmuckstücke ihrer Majestät wertlos erscheinen zu lassen. Und wäre König Salomon mit all seinen aufgestapelten Schätzen selbst Concierge des Hauses gewesen, Jim hätte jedes Mal beim Vorbeigehen seine Uhr gezückt, um zu sehen, wie König Salomon sich vor Neid den Bart ausrupfte.

So fiel Dellas Haar wie ein goldener Wasserfall glänzend und sich kräuselnd an ihr herab. Es reichte ihr bis unter die Knie und formte beinahe einen Mantel. Mit nervösen Fingern steckte sie es rasch wieder auf. Einmal zögerte sie einen Augenblick. Zwei Tränen fielen auf den abgetretenen roten Teppich. Sie schlüpfte in die alte braune Jacke, setzte den alten braunen Hut auf und huschte, immer noch das glänzende Leuchten in den Augen, zur Tür hinaus, die Treppen hinunter und durch die Straße. Sie stand erst still, als sie bei einem Schild anlangte, auf dem zu lesen war: »Mme. Sofronie, An- und Verkauf von Haar aller Art.« In einem Satz rannte Della ein Stockwerk hinauf; keuchend hielt sie an und fasste sich. Madame, groß, massig, zu weiß gepudert, sehr kühl, sah kaum aus, als wäre sie »Sofronie«.

»Kaufen Sie mein Haar?«, fragte Della.

»Ich kaufe Haar«, sagte Madame. »Nehmen Sie den Hut ab und zeigen Sie, was Sie haben.«

Herunter rieselte der braune Wasserfall.

»20 Dollar«, mit geübter Hand wog Madame die Masse.

»Geben Sie es, rasch«, sagte Della.

Oh, und die zwei folgenden Stunden vergingen wie auf rosigen Schwingen. Vergessen war die zermürbende Vorstellung der fehlenden Haare. Sie durchstöberte die Läden auf der Suche nach Jims Geschenk.

Endlich fand sie es. Sicher war es für Jim und niemand anders gemacht. Nichts kam ihm gleich in keinem der Läden. Es war eine Platinuhrenkette, einfach und geschmackvoll in Form und Zeichnung. Sie war es sogar wert, die Uhr zu ketten. Sobald Della die Kette sah, wusste sie, dass sie Jim gehören musste. Sie war wie er. Einundzwanzig Dollar nahmen sie ihr dafür ab, und mit den 87 Cent eilte sie heim. Mit dieser Kette an seiner Uhr durfte Jim in jeder Gesellschaft so eifrig als er wollte nach der Zeit sehen. So schön die Uhr war, schaute er nämlich manchmal scheu darauf, weil das alte Lederband, das er an Stelle einer Kette benützte, so schäbig war.

Als Della zu Hause ankam, ließ ihr Taumel nach, und sie wurde etwas vernünftig. Sie holte ihre Brennschere heraus, zündete das Gas an und machte sich daran, die Verheerung, die Großmütigkeit zusammen mit Liebe angerichtet hatte, wieder gutzumachen, was immer eine Riesenarbeit ist, liebe Freunde – eine Mammut-Aufgabe.

Nach vierzig Minuten war ihr Kopf mit kleinen, nahe beisammenliegenden Löckchen bedeckt, die ihr ganz das Aussehen eines Lausbuben gaben. Lange schaute sie ihr Bild an, das der Spiegel zurückwarf, kritisch und sorgfältig.

»Wenn Jim mich nicht tötet«, sagte sie zu sich selbst, »bevor er mich ein zweites Mal anschaut, so wird er sagen, ich sehe aus wie ein Chormädchen von Coney Island. Aber was konnte ich tun – oh, was konnte ich tun mit 1 Dollar und 87 Cent?«

Um sieben Uhr war der Kaffee gemacht, und die heiße Bratpfanne stand hinten auf dem Ofen, bereit, die Koteletts aufzunehmen, die darin gebraten werden sollten.

Jim kam nie spät. Della nahm die Kette in die Hand und setzte sich auf den Tisch bei der Türe, durch die er immer hereinkam. Dann hörte sie entfernt seinen Schritt im ersten Stockwerk, und für einen Augenblick wurde sie ganz weiß. Sie hatte die Gewohnheit, im stillen kleine Gebete für die einfachsten Alltagsdinge zu sagen, und sie flüsterte vor sich hin: »Lieber Gott, mach, dass er denkt, ich sei immer noch hübsch.«

Die Tür öffnete sich. Jim kam herein und schloss sie. Er war mager und hatte ein sehr ernstes Aussehen. Armer Kerl, erst zweiundzwanzig und schon mit einer Familie beladen. Er hätte dringend einen neuen Mantel gebraucht und hatte keine Handschuhe. – Jim stand bei der Türe still, so unbeweglich wie ein Jagdhund, der eine Fährte wittert. Seine Augen waren auf Della gerichtet und hatten einen Ausdruck, den sie nicht deuten konnte und der sie erschreckte. Es war nicht Ärger.

Della sprang vom Tisch herunter und lief auf ihn zu.

»Jim, Lieber«, rief sie weinend, »schau mich nicht so an! Ich ließ mein Haar abschneiden und verkaufte es, weil ich es nicht ausgehalten hätte, ohne dir ein Geschenk zu Weihnachten zu geben. Es wird wieder nachwachsen. Du bist nicht böse, nicht wahr? Ich musste es einfach tun. Mein Haar wächst unheimlich schnell. Sag ›Fröhliche Weihnachten‹, Jim, und lass uns glücklich sein. Du weißt ja gar nicht, welch schönes – wunderbar schönes Geschenk ich für dich habe.«

»Dein Haar hast du abgeschnitten?«, fragte Jim mühsam, als hätte er selbst mit der strengsten geistigen Arbeit diese offensichtliche Tatsache noch nicht erfasst.

»Abgeschnitten und verkauft«, sagte Della. »Verkauft ist es, sag' ich dir, verkauft und fort. Heute ist doch Heiliger Abend, du. Sei lieb, es ist doch für dich. Sei lieb, ich gab es ja für dich weg. Es kann ja sein, dass die Haare auf meinem Kopf gezählt waren«, fuhr sie mit plötzlicher, ernsthafter Verliebtheit weiter, »aber niemand könnte je meine Liebe zu dir zählen. Soll ich jetzt die Koteletts auflegen, Jim?«

Nun schien Jim rasch aus seinem Trancezustand zu erwachen. Er nahm Della in seine Arme. Für zehn Sekunden wollen wir mit diskreter Genauigkeit irgendeinen belanglosen Gegenstand in entgegengesetzter Richtung eingehend betrachten. Acht Dollar in der Woche oder eine Million im Jahr – was ist der Unterschied? Ein Witzbold und ein Mathematiker würden uns beide eine falsche Antwort geben.

Indessen zog Jim ein Päckchen aus seiner Manteltasche und warf es auf den Tisch.

»Du musst dir nichts Falsches vorstellen über mich, Della«, sagte er. »Ich glaube, da gäbe es kein Haarschneiden, Dauerwellen oder Waschen in der Welt, das mich dazu brächte, mein Frauchen weniger zu lieben. Aber wenn du das Paket da auspackst, wirst du sehen, warum ich mich zuerst eine Weile nicht erholen konnte.«

Weiße Finger zogen an der Schnur, rissen am Papier. Ein begeisterter Freudenschrei. Und dann – o weh – ein rascher, echt weiblicher Wechsel zu strömenden Tränen und lauten Klagen erforderte die Anwendung sämtlicher tröstender Kräfte und Einfälle des Herrn des Hauses. Denn da lagen sie, die Kämme – die Garnitur von Kämmen, seitlich und rückwärts einzustecken, die Della so lange im Schaufenster einer Hauptstraße bewundert hatte. Fabelhafte Kämme, echtes Schildpatt, mit echten Steinen besetzt – gerade in den Farbtönen, die in dem wundervoll verschwundenen Haar so schön gespielt hätten. Es waren teure Kämme. Sie wusste es. Mit ganzem Herzen hatte sie diese Wunder begehrt. Und jetzt gehörten sie ihr, aber die Zöpfe, die mit diesen begehrenswerten Schmuckstücken hätten geziert werden sollen, waren fort.

Trotzdem drückte sie sie an ihr Herz, und endlich konnte sie auch mit verschleierten Augen aufsehen und lächelnd sagen: »Mein Haar wächst ja so schnell, Jim!«

Und dann sprang Della auf wie eine kleine Katze, die sich gebrannt hat, indem sie immerzu »Oh, oh!« rief. Jim hatte ja sein wunderschönes Geschenk noch nicht gesehen. Sie hielt es ihm auf der offenen Hand eifrig entgegen. Das wertvolle, matt glänzende Metall schien ihre heitere und feurige Seele widerzuspiegeln.

»Ist es nicht großartig – das einzig Wahre? Ich habe danach gejagt, bis ich es fand. Du wirst jetzt jeden Tag hundertmal sehen müssen, wie viel Uhr es ist. Gib mir deine Uhr, ich muss sehen, wie die Kette daran aussieht.«

Anstatt zu gehorchen, machte es sich Jim auf der Couch bequem, legte die Hände hinter den Kopf und lächelte.

»Dell«, sagte er, »wir wollen unsere Weihnachtsgeschenke noch für einige Zeit aufbewahren, sie sind zu schön, als dass wir sie jetzt gebrauchen könnten. Denke, ich habe die Uhr verkauft, um das Geld für deine Kämme zu erhalten. Und jetzt glaub' ich, ist es das Beste, du stellst die Koteletts auf.«

Catharina Bachem-Tonger

Das verschwundene Jesuskind

Die ganze Gemeinde war stolz auf die Weihnachtskrippe in ihrer Pfarrkirche. Denn alle hatten ihren Anteil zu der kunstvollen Bastelarbeit der Krippe beigetragen. Auch die Bemalung der lebendig wirkenden Figuren von Maria und Joseph, der Hirten und Könige, von Öchslein und Eselein und den weißen wolligen Lämmchen, die sich zwischen den Hirten neugierig hinzudrängten, war Gemeinschaftswerk gewesen.

Neben dem Eingang zur Höhle standen ein paar exotische Pflanzen, eine Zwergpalme, eine Aloe und ein paar blühende Kakteen. Über der Höhle leuchtete der Stern von Bethlehem. Das Innere der Höhle lag im Dunkel, aber in der Wölbung war eine Öffnung, durch die der helle Glanz des Sterns hineinstrahlte. Er beschien das Jesuskind in der Krippe, es war, als ginge von dem göttlichen Kinde aller Glanz aus, der vom Antlitz seiner Mutter widerstrahlte und der auch all die anderen Figuren hell und leuchtend aus dem geheimnisvollen Dunkel hob.

Das Jesuskind in der Krippe war die Freude aller Kinder. Es lächelte so lieb und hold und streckte seine Händchen aus, als wolle es sagen: »Lasset die Kindlein zu mir kommen …« Und sie kamen nur zu gern.

Niemand hätte sich ein Weihnachtsfest ohne diese Krippe vorstellen können. Fing doch das Weihnachtsfest an, wenn in der Mette um Mitternacht der Stern über der Höhle aufleuchtete und in seinem hellen Licht das Jesuskind in der Krippe plötzlich sichtbar wurde, als sei es eben vom Himmel herabgestiegen.

Und dann geschah das Unfassbare:

Als am dritten Tag nach Weihnachten der Pfarrer durch das Kirchenschiff zur Sakristei ging und dabei noch einen Blick auf die Krippe werfen wollte, kam ihm der Küster in heller Verzweiflung entgegen.

»Hochwürden – Hochwürden!«, stotterte er heiser vor Aufregung. »Das Kind ist weg! Unser Jesuskind – aus der Krippe haben sie es gestohlen!«

Der Pfarrer schüttelte ungläubig den Kopf. »Das gibt es in unserer Gemeinde nicht.«

»Dann muss es jemand aus einer anderen Gemeinde sein, der neidisch auf unsere schöne Krippe war.«

Auch das schien dem Pfarrer nicht einzuleuchten. Er entgegnete ruhig und bestimmt: »Wir wollen selber Detektiv spielen. Ich setze mich hier in den Beichtstuhl und ziehe den Vorhang etwas zurück. So kann ich alles übersehen, was bei der Krippe geschieht. Und Sie verstecken sich hinter dem Pfeiler dort.«

Kaum hatte der Küster sein Versteck und der Pfarrer seinen Spähposten bezogen, als die Kirchentür sich öffnete und kurze eilige Schritte von den Steinfliesen widerhallten.

»So unbekümmert tritt kein Dieb auf«, sagte der Pfarrer und neigte sich etwas vor, um den Eintretenden besser sehen zu können.

Der Kleine, der da so selbstsicher, ohne nach links und rechts zu sehen, direkt auf die Krippe zulief, war ein etwa fünfjähriges Bübchen aus dem Dorf. »Wie wird er erschrecken, wenn er die Krippe leer findet«, dachte der Pfarrer mit Bedauern. Aber was trug er im linken Arm, sorglich mit dem Mäntelchen versteckt? Ob er dem Jesuskind ein Spielzeug bringen wollte? – Schon manchmal hatte der Pfarrer bunte Murmeln und Bälle und Süßigkeiten gefunden, die Buben und Mädchen dem Kind in der Krippe wie einem kleinen Spielkameraden heimlich gebracht hatten. Aber was der Kleine jetzt unter dem Mäntelchen hervorholte, schien ein großes Spielzeug zu sein. Der Pfarrer vergaß für einen Augenblick seine Rolle als Detektiv und schob den Vorhang zurück, um zu beobachten, wie der Kleine sich verhielt, wenn er die Entdeckung machte, dass das Jesuskind verschwunden war.

Aber von Erschrecken war nichts zu bemerken. Das Kind beugte sich über die leere Krippe und legte mit äußerster Behutsamkeit das Mitgebrachte hinein. Dann glättete es sorgfältig Stroh und Moos ringsum und als es dabei zur Seite trat und den Blick auf die Krippe freigab, glaubte der Pfarrer seinen Augen nicht trauen zu dürfen – denn da lag vor ihm lächelnd, mit zärtlich ausgestreckten Händchen, das verschwundene Jesuskind.

Nun wandte sich der Knabe zum Weggehen. Aber dann blickte er sich noch einmal um und nickte dem Kind in der Krippe so vertraut lächelnd zu, wie einem guten Kameraden nach fröhlichem Spiel.

Da stand der Pfarrer vor ihm. »Wie kommst du zu dem Jesulein?«, fragte er maßlos erstaunt. »Wo hast du es gefunden? Oder wer hat es dir gegeben?«

»Niemand hat es mir gegeben«, sagte der Bub, »ich habe es aus der Krippe genommen.«

»Aber warum denn? Was hast du denn mit dem Jesuskind gemacht?«

Jetzt wurde der Kleine verlegen und blickte scheu vor sich hin. Dann schaute er den Pfarrer treuherzig an und sagte:

»Herr Pfarrer, das war nämlich so: Ich hätte so gern einen schönen Roller gehabt, weil ich doch so gern Roller fahre.«

»Und hast keinen bekommen?«, fragte der Pfarrer voll Bedauern.

»Meiner Mutter war er zu teuer«, erklärte der Bub, »und da hab ich mir vom Christkind einen gewünscht.«

»Und das Christkind hat dir den Roller gebracht?«

»O ja, Herr Pfarrer«, sein Gesichtchen strahlte. »Einen ganz wunderschönen Roller. Und ich bin so glücklich und dem lieben Christkind so dankbar. Ach, Herr Pfarrer, und da hab ich gedacht, wo doch alle Kinder so gern Roller fahren, würde es dem Christkind auch Freude machen, und weil ich ihm so dankbar bin, wollte ich ihm zeigen, wie schön es sich mit dem Roller fahren lässt …«

»Und da bist du mit dem Jesuskind Roller gefahren?«

»Ja, Herr Pfarrer, jetzt eben in der schönen Mittagssonne. Drei Ehrenrunden hab ich mit ihm um die Kirche gemacht.«

Helmut Thielicke

Ungewöhnliche Leute vor der Krippe

Auf dem Bücherbord gegenüber meinem Schreibtisch steht fast jedes Jahr, wenn es Weihnachten wird, ein kleines Foto, das mir besonders lieb ist. Ich habe es so aufgestellt, dass während der Arbeit mein Blick hin und wieder darauf fällt. Es hat gar keinen Kunstwert. Irgendjemand hat nur die Szene eines weihnachtlichen Krippenspieles geknipst. Auch der Aufbau dieser Szene zeigt keineswegs das, was man großes Theater nennt. Man sieht eine größere Schar meist jüngerer Männer in langen weißen Gewändern und mit Kerzen in der Hand auf einen Altar zuschreiten. Auf diesem Altar, ganz offensichtlich ein Produkt der Gründerzeit und also in ästhetischer Hinsicht keineswegs erbaulich, stehen, knien und liegen vier Männer, die der herannahenden Schar mit höchstem Erschrecken entgegensehen. Der eine hält die Hand vor die Augen, als ob er geblendet wäre, ein anderer scheint in Deckung zu gehen, und ein Dritter macht eine Geste der Kapitulation. Es ist ganz klar, was hier gemeint ist: Die weißgekleideten Gestalten sind die himmlischen Chöre der Engel, und die vier Männer auf dem Altar sind die verwetterten und erschreckten Hirten.

Manchmal greift einer meiner Freunde, wenn er mich besucht, nach dem Bild und fragt ein wenig erstaunt: Warum hast du gerade das hier stehen? Meist sieht er ein bisschen hilflos aus, wenn er so fragt, denn der Takt verbietet ihm, noch hinzuzufügen: Und dazu noch ein so gewöhnliches Bild – ein Bild ohne jeden Kunstverstand!

In solchen Fällen lasse ich meine Besucher gern etwas raten und frage sie: »Ja, was meinen Sie denn wohl, wer diese Leute hier sind?« Es ist dann sehr eigenartig, wie fast alle die gleiche Antwort geben. Sie sagen nämlich: Ja – wer das wohl ist? Jedenfalls fällt einem der gesammelte, der geradezu ergriffene Gesichtsausdruck der Darsteller auf. Sie sind offenbar ganz »dabei«, und es ist für sie sicher sehr viel mehr als bloßes Spiel. Wahrscheinlich sind es wohl Leute aus einer christlichen Gemeinde, vielleicht ein Kerntrupp dieser Gemeinde. – Einer meint sogar, es sei womöglich eine Diakonenschule oder so was Ähnliches.

Ich kann es dann manchmal kaum erwarten, bis ich das Ratespiel beenden und ihnen reinen Wein einschenken kann. – »Sie haben gründlich vorbeigeschossen«, sage ich ihnen dann. »Aber ich verstehe, wie Sie zu Ihrer Vermutung kamen. Die Leute sind wirklich dem Weihnachtswunder nahe und haben es in ihr Herz geschlossen. Sie spielen ihre Andacht keineswegs, sondern sie sind wirklich ›dabei‹. Aber es ist kein christlicher Männerverein und auch keine Diakonenschule. Es ist die Aufnahme von einer Weihnachtsfeier in der Vollzugsanstalt B. Ich habe da vor einiger Zeit mal zu den Gefangenen gesprochen und sie in ihren Zellen besucht. Sie hörten zu – nun, ich kann nur sagen: wie Verdurstende. Der Gefangenen-Pfarrer schenkte mir dann dieses Bild. Ich kann mich nicht mehr davon trennen. ›Seh'n Sie diesen Jungen hier‹, sagte mir damals der Pfarrer, ›der hat um einer Armbanduhr willen im Streit seinen Freund erschlagen. Dem ist nun schon Jahr für Jahr immer die gleiche Szene anvertraut. Er kniet vor der Krippe und sagt: Ich lag in tiefster Todesnacht, du warest meine Sonne … Ich sage Ihnen: Wenn Sie das aus diesem Mund hören, geht es Ihnen durch und durch.‹«

Warum ist mir dieses Bild so nahe gegangen, und warum geht es meinen Besuchern auch nahe? Ich frage mich durchaus selbstkritisch, ob sich in dem, was mich da beeindruckt, nicht eine gewisse Anfälligkeit für Sentimentalität und Kitsch melden könnte. Der Schimmer der weihnachtlichen

Kerzen und das milde Fest der Liebe in Kontrast zu Mördern und Gewaltverbrechern, die hier als Engel maskiert sind, diese Melodramatik könnte Courths-Mahler näher stehen als dem Evangelisten Lukas. Aber ich fürchte: Mit dieser snobistischen Deutung würde ich nur von mir abtun wollen, was mich in einer viel tieferen Schicht meines Ichs angerührt, was mich nämlich ins Herz (und keineswegs nur ins Nervensystem!) getroffen hat. Denn das Wunder, das auf diesem Bilde festgehalten wurde, ist doch dies: Hier wandern Menschen aus einer sehr düsteren Vergangenheit auf die Krippe zu, und das Weihnachtslicht trifft ihr verpfuschtes Leben. Indem es sie aber so trifft, leuchten sie davon auf. Denn obwohl sie aus verschlossenen Zellen kommen und nachher hinter Schloss und Riegel zurückkehren, dürfen sie nun unter dem geöffneten, unter dem »entriegelten« Himmel stehen. Von einigen unter ihnen habe ich erfahren, dass sie, wie der verlorene Sohn am Schweinetrog, kehrtgemacht, dass sie dies segnende Licht zu glauben gelernt haben und unter ihm neue Menschen geworden sind. Sie spielen nun nicht mehr, sondern es ist ihnen Ernst. Sie sagen auch keine eingetrichterten Verschen auf, sondern sie bekennen. Und wenn der eine sagt: »Ich lag in tiefster Todesnacht, du warest meine Sonne« – dann ist es ein Wunder.

Vielleicht denkt jetzt der eine oder andere Leser: Eigentlich ist es ein harter Brocken, den er uns da zumutet. Sicher sollen die Kriminellen auch ihre Seelsorge und meinetwegen auch ihre Weihnachtsfeier haben, damit sie in sich gehen. Aber mich als seriösen Bundesbürger mit denen auf eine Stufe zu stellen, das heißt denn doch, das Christliche zu überstrapazieren!

Es wäre in der Tat falsch und auch gar nicht im Sinne des Weihnachtsevangeliums, wenn man alle Unterschiede zwischen Begabten und Dummen, Tüchtigen und Versagern,

Redlichen und Spitzbuben einebnen wollte. Es geht hier um etwas ganz anderes, und ich will es in zwei verschiedenen Gedanken auszudrücken versuchen:

Es geht einmal darum, dass Gott an Weihnachten zu uns in die Tiefe kommt. Ich muss nicht erst religiöse Gefühle und es innerlich und äußerlich zu etwas gebracht haben, damit er zu mir kommt. Er kommt in den Stall, zu den Trostlosen, Kranken und Verzweifelten, er wandert mit in den Flüchtlingstrecks, und wenn in meiner letzten Stunde einmal alle und alles mich verlassen, dann kann ich sagen: »Wann ich einmal soll scheiden, so scheide nicht von mir.« Denn auch in das dunkle Tal des Todes ist er gekommen. Krippe und Kreuz sind aus demselben Holz.

Und dann noch das Zweite: Irgendwo in seinem Leben ist jeder von uns arm. Vielleicht sieht man das nach außen nicht. Denn wir Menschen wissen sehr wenig voneinander. Vielleicht sorge ich mich oder habe eine Schuld auf mich geladen oder bin krank oder bin von verzehrenden Wünschen gepeitscht, die nie in Erfüllung gehen. Die Gefangenen auf dem Bild stellen diese eine Seite in mir dar. Was bei mir ein verborgenes Dunkel ist, das ist bei ihnen zum Ausbruch gekommen. Aus diesem Dunkel war kein Licht herauszuholen. Hier waren nur Finsternisse, Labyrinthe und ausweglose Sackgassen. Aber nun steht der Widerschein eines anderen Lichtes auf ihren Stirnen. Längst ehe sie zu fragen begannen, ob es für sie noch Sinn und Hoffnung gebe, war schon jemand zu ihnen unterwegs. Weihnachten sagt uns: Gott holt uns ab, ganz gleich, wo wir stehen. Und wenn alles zu Ende zu sein scheint, beginnen erst die Möglichkeiten Gottes.

Darum wird Weihnachten am ehesten von denen verstanden, die keine menschliche Hoffnung mehr haben. Man braucht nur die Kummerspalten der Presse zu lesen, um zu wissen, wie viele das sind. Selbst wenn sie sich von Gott verlassen fühlen, wenn er längst von einem bodenlosen Nichts verdrängt zu sein scheint, können sie noch mit einem letzten Gedanken begreifen, dass hier jemand ist, der für sie da sein wollte und der die Solidarität mit ihnen nicht verschmähte.

In James Baldwins Roman »Eine andere Welt« kommt das in einer weltlichen, fast allzu weltlichen Weise und obendrein in einem Stil zum Ausdruck, der bei christlichen Ansprachen bestimmt nicht üblich ist: Der junge Neger Rufus hat ein verpfuschtes Leben voller Irrungen und Wirrungen hinter sich. Was er als Kind geglaubt und was ihn lange zuvor in väterliche Geborgenheit gehüllt hatte, ist längst für ihn verschwunden und unreal geworden. Nun steht er auf einer Brücke bei New York in eisiger Kälte und wird im nächsten Augenblick seinen Todessprung tun. Da schaut er noch einmal zum Himmel auf (den es doch gar nicht mehr gibt!), und in wilder Verzweiflung bricht der Fluch aus ihm heraus auf alles, was ihm einmal Bergung schenkte und nun für ihn verloren ist: »Du Lump«, dachte er, »du kotzdreckiger, bin ich nicht auch dein Kind?« Und dann, als er gesprungen war und durch die Luft sauste: »Mag's denn sein, du kotzdreckiger, gottallmächtiger Lump, ich komme zu dir!«

Lassen wir das Schaudern ruhig einmal über unsere Haut kriechen, wenn wir diese Ungeheuerlichkeiten hören. Aber dann sollten wir die Frage stellen: Hätte er sich und Gott so verfluchen, ihn gleichzeitig aber mit »du« anreden und ihm seine Ankunft ankündigen können, wenn ihn nicht das Geheimnis von Weihnachten angerührt hätte – jenes Geheimnis, das ihn wissen ließ: Ich klebe im Schlamm meiner Verpfuschtheit fest, ich fühle keinen Himmel mehr. Es gibt aber einen, der nicht im Himmel geblieben, sondern zu mir in diesen Schlamm gekommen ist. Darum wird er aus meinem verruchten Gebrüll noch die Stimme des Kindes heraushören, das Heimweh nach ihm hat. [...]

Vielleicht muss man einmal das Weihnachtsfest so verfremden, um inmitten des Breis von Sentimentalität und Zuckerguss die harte Substanz zu finden, die es enthält. Denn sein Sein ist nicht die Verneblung des Gemüts, sondern der Trost des Herzens, das sich verloren weiß.

Krippenrede für die 70er Jahre

Also, werde nicht so wie dieser da,
in unklaren Familienverhältnissen unterwegs geboren,
na ja, dafür kann er nichts,
ist keine Schande,
doch auch nichts Rühmliches.
Aber dann,
als er dreißig war,
hatte er keine Ausbildung,
kein Auskommen,
keine Rücklagen,
keine Wohnung,
kein Reittier oder Fahrzeug,
und auch für die Ehe
war er offenbar untauglich.
Was blieb ihm da übrig,
als über Land zu ziehen,
langhaarig, schmuddelig, barfüßig,
eine Clique von Fans bei sich,
die ihre Familien und Berufe
im Stich gelassen hatten,
und dann wiegelte er das Volk auf
mit doppeldeutigen Reden
und gefährlichen Geschichten,
in denen die Staatslenker
und die Geistlichkeit,
die Heerführer
und überhaupt alle die was hatten,
schlecht wegkamen.
Drei Jahre
hat man den Edelgammler
aus dem Zufallsgeburtsort Bethlehem
so gewähren lassen,

bis er überschnappte
und handgreiflich wurde
gegen die Börsianer
und Devisenwechsler,
die seit jeher ihren angestammten Platz
im Tempel hatten.
Da war Zapfenstreich, sense, ex.
Hinterlassen hat er
ein paar Handbreiten verschwitztes Leinen.
Da war er dreiunddreißig,
im gleichen Alter wie Vater,
der damals schon
die Prokura in Henschels Drahtzieherei kriegte.
Jetzt weißt du Bescheid,
und mir soll keiner nachsagen,
dass ich mich nicht traue,
die Wahrheit zu sagen.
Auch über diesen da.

Josef Reding

Friedrich Hoffmann

Das Jesuskind von Ostrowice

Ich bin ein Deutscher, der dir das erzählt, musst du wissen. Trink noch einen. Und der es erschossen hat, vor unseren Augen hochgehoben und erschossen, das war ein Deutscher. Aber der geschrien hat und es retten wollte und selber umkam, das war auch ein Deutscher, das musst du mir glauben. Und das Kind war ein Judenkind. Na, trink schon. Es war in Polen. Wir waren eingesetzt als Säuberungskommando. Nur zum Zusammentreiben. Das Erledigen machten andere. Es gab da Sammeldörfer mit Juden. Komm, trink doch. Das ist noch angenehmer als Zigeuner. Juden schreien nicht so. Die sterben ruhiger. Die glauben an was. »Ist doch auch ein Vorteil«, sagte der Alte immer. Sie wurden in Lastwagen verladen, getrennt, Männer, Frauen, Kinder. Mitzunehmen brauchten sie ja nichts.

Wir hatten einen dabei, der war dagegen. Häschen nannten wir den. Er sagte nichts, aber er war dagegen. Man merkt ja sowieso, was einer denkt. Pech, dass er in unserer Einheit war. Und der Alte verstand keinen Spaß. Ich war ja auch dabei und wusste nicht, was ich von dem Ganzen halten sollte. Bis zu dem Tag. Es muss Advent gewesen sein. Im Januar darauf kam ich dann weg. Damals hab ich nicht daran gedacht, dass Advent war.

Wir hatten ein Dorf verladen. Das ganze Dorf leer: alles auf die Lastwagen, die im großen Viereck standen. Viel Jammern war gar nicht zu hören. Ich seh das noch: die weißen Lehmmauern, die Strohdächer, die breiten, zerfahrenen Straßen. Schnee lag auch, aber nicht viel. Der Spieß machte mit zwei Mann die Runde durch die Hütten. Da krabbelt ihm aus dem Ofenstroh ein Kind entgegen. Vergessen oder versteckt, was weiß ich, so ein oder zwei Jahre alt. Er bringt's raus, und der Alte, der schon ungeduldig war zur Abfahrt, macht ihm ein Zeichen, dass er's hinters Haus bringen soll. Da stürzt Häschen vor und schreit: »Nein! Nein!« und reißt ihm das Kind aus der Hand. »Das ist doch das Jesuskind!«, schreit er. Das Jesuskind! Verrückt, wie? Und wir lachen noch. Aber nicht alle, das musst du mir glauben. Und er läuft davon, wie irre, ringsum war ja abgesperrt, und drückt das Kind an die Brust und knöpft es sich in den Mantel ein, alles im Laufen. Na, weißt schon, Frontkoller. Und die von den Wagen und wir gucken zu. Es verliert ja manchmal einer die Nerven. Aber den hatt' es gepackt. Schließlich stürzte er sich an die nächstbeste Hauswand. Er zitterte und hielt das Kind im Mantel fest und schrie immer, ohne hinzusehen: »Das ist doch das Jesuskind! Das ist doch das Jesuskind!« Ich sag dir, sie mussten ihn umlegen, er gab das Kind nicht her. Saß da wie eine Madonna. Ostrowice hieß das Dorf. Mit stieren Augen an der weißen Hauswand. Wie eine Madonna, sag ich dir. Mir hat's noch niemand geglaubt, dem ich's erzählt habe. So klein war's, wie er's hochhob. Ich kann kein Weihnachtsbild mehr ansehen seit der Zeit.

Und die sagen, er ist auch für uns Deutsche gestorben. Der Richtige, mein ich, den sie an den ausgerenkten Armen aufgenagelt haben. Na, komm. »Das Jesuskind«, hat er immer geschrien, »das Jesuskind!« Na, komm, trink noch einen.

Manfred Hausmann

Steuermann Leiss

Sie werden verstehen, dass ich nicht gerade zum Himmel emporgejubelt habe, als der vermischte Doktor mich am ersten Weihnachtstag anrief, kurz nach 22 Uhr, und mir eröffnete, ich müsse am nächsten Morgen im Krankenhaus zu Esens einen Steuermann namens Leiss besuchen, der sich mit seinem Küstenmotorschiff zwischen Langeoog und Baltrum ein tolles Stück geleistet habe. Der vermischte Doktor macht die Seiten »Unterhaltung und Vermischtes« bei unserer Zeitung. »Vermischtes« bedeutet Mord und Totschlag. Das kennen Sie ja. Deshalb heißt er so. »Der Kahn ist bei Windstärke 9 gekentert«, sagte er, »heute Mittag, heißt, glaube ich, Einigkeit. Der Kapitän und der Junge sind über Bord gegangen. Steuermann Leiss hatte Freiwache und wurde im Logis eingeschlossen. Nach drei Stunden hat die See den Kahn auf eine Sandbank vor Langeoog geworfen. Dann ist ein Hubschrauber von der Bundeswehr gekommen, hat den Mann herausgeholt und nach Esens ins Krankenhaus gebracht. Direkt vor die Haustür. Und nun sehen Sie mal zu, wie Sie die Sache in den Griff kriegen. Da sitzt nämlich Musik drin. Wenn Sie sich heranhalten, können Sie mir Ihren Bericht bis 18 Uhr auf den Schreibtisch legen. Mit Bild. Alles klar?«

Natürlich war alles klar. Was sollte ich machen? Dabei war gar nichts klar.

Übrigens: Nadolny ist mein Name. Bastian Nadolny. Wir wollten am zweiten Weihnachtstag nach Lübeck, Lille und ich.

Als wir am anderen Morgen losfuhren, waren die Straßen leer. Trotzdem musste ich aufpassen, weil die Sturmstöße den Wagen wegdrückten. Mit Lille fahren, ist wie Geburtstag haben. Sie benimmt sich genauso, wie eine Frau sich benehmen muss, wenn sie mit einem Mann im Auto fährt. Macht es mit ihrem bloßen Dasitzen schon festlich. Sie nennt mich Bass, wegen Bastian und wegen meiner tiefen Stimme. Aber das gehört nicht hierher.

Was hierher gehört, ist Folgendes: Im Krankenhaus von Esens sagte die Schwester zu mir, den Steuermann habe seine Frau gerade weggeholt.

»Lebendig?«, frage ich.

Es habe so ausgesehen. Woher ich käme? Aus Bremen? Dann müsse ich ihnen begegnet sein. In einem kleinen Volkswagen. Vor zwei Stunden.

»Adresse?«, fragte ich.

Sie hatte die Adresse wahrhaftig da: Bremen, Kleine Meinkenstraße 17.

»Wissen Sie was, Schwester?«, sagte ich.

»Nein«, sagte sie.

»Ich wohne in der Sonnenstraße«, sagte ich. »Wenn ich um die Ecke biege, habe ich die Kleine Meinkenstraße gerade vor meiner Nase. Stattdessen fahre ich am heiligen zweiten Weihnachtstag geschlagene zwei Stunden durch Regen, Sturm und Dreck hierher. Zum Weinen. Warum ist er denn nicht hier geblieben?«

»Sowie er seine Stimme wieder fühlte, hat er mit seiner Frau telefoniert und nicht eher Ruhe gelassen, bis sie versprochen hat, ihn wieder nach Hause zu holen. Ich wünsche Ihnen eine gute Fahrt.«

Kurz vor 15 Uhr bogen wir in die Kleine Meinkenstraße ein. Nummer 17 war ein kleines, schmales Haus. Ehe wir klingeln konnten, wurde die Wohnungstür geöffnet. Ein Herr verabschiedete sich von Frau Leiss: »Ich habe ihn zwar erst einmal krankgeschrieben, aber Sie brauchen sich keine Sorgen zu machen. Auf jeden Fall sehe ich morgen früh noch einmal herein.« Der Arzt also. Wir ließen ihn vorbei und wandten uns Frau Leiss zu, die uns mit betonter Zurückhaltung musterte.

Steuermann Leiss lag auf dem Sofa. Er trug eine grüne, halb zugeknöpfte Strickjacke über einem wollenen Hemd mit offenem Kragen. Als er uns erblickte, setzte er sich auf und schob die Füße unter den Tisch.

»Du sollst in die Zeitung, Alwin«, sagte Frau Leiss. »Sie wollen dich aufnehmen. – Entschuldigen Sie, Ihren Namen habe ich schon wieder vergessen.«

Ich sagte, sie müsse aber mit auf das Bild. Dann stellte ich mich und Lille dem Steuermann vor.

»Angenehm«, sagte er und erhob sich ein bisschen. »Leiss.«

Er sah erschreckend mager aus. Die lange, dünne Nase ging an der Spitze etwas nach oben. Ich fragte ihn, ob er schon etwas Neues von dem Kapitän und dem Jungen gehört habe. Dabei wies ich mit dem Kopf auf das Fernsehgerät, das auf der breiten Kommode neben dem spärlich geschmückten Tannenbäumchen stand.

»Nein«, sagte er, »sie haben nichts mehr darüber gebracht. Schon vergessen.«

»Wir vergessen Sie aber nicht«, sagte ich. »Und deshalb wollen wir erst einmal ein paar Aufnahmen von Ihnen machen. Wenn Sie erlauben. An die Arbeit, Fräulein!«

»Hol mal was zu trinken, Mutter!«, sagte der Steuermann. »Mögen Sie echten Genever, aus Schiedam?« Er sprach es wie Ss-chiedam aus.

»Ein Gläschen traue ich mir wohl zu«, sagte ich, »aber mehr nicht. Ich muss ja fahren.«

»Und das Fräulein?«

»Dasselbe«, sagte Lille, während sie den Belichtungsmesser vor die Brust des Steuermanns hielt. »Achteinhalb Schein. Wir nehmen am besten die chromatische Superanastigmat mit Blende 11 und Gummilinse.«

Lauter Unsinn. Sie hat keine Ahnung vom Fotografieren. Aber es klang so wunderbar unverständlich, dass Frau Leiss ein ergriffenes Gesicht machte. Unverständlichkeit bewirkt immer Hochachtung. Davon lebt heutzutage die Kunst.

Während der Aufnahmen kamen wir ins Gespräch über das Kentern und die Strandung der Einigkeit. Der Steuermann hatte sich mit dem neuen Kapitän, einem Hamburger, nicht verstanden. Schon bei der Ausreise waren sie aneinander geraten. Und auf der Westerems noch mehr.

»Westerems«, sagte ich, »woher kamen Sie denn?«

»Von Delfzijl. Ich hielt es für unverantwortlich, mit dem kleinen Schiff in das harte Wasser hineinzugehen. Wir hatten nur vierzehn Tonnen Ladung im Raum. Tee und Seidenpapier. Aber mit dem Kapitän war nicht zu reden. Er wollte und wollte am ersten Weihnachtstag in Hamburg sein, und da gab es nichts. Gott mag wissen, was auf dem Spiel stand.« Als sie gegen Mitternacht von Delfzijl ablegten, hatte der Steuermann das Ruder. Der Kapitän ging zur Koje und der Junge auch. Bei wachsendem Westnordweststurm und auflaufendem Wasser schlingerte die Einigkeit die Westerems hinunter, immer am Tonnenstrich entlang. Querab von Borkum traf sie das Wetter mit voller Gewalt. Der Steuermann musste die Fahrt herabsetzen. Das war gegen 6 Uhr morgens. Kurz vor 7 Uhr weckte er den Kapitän, weil der Diesel nicht einwandfrei arbeitete. Dann aß er ein paar Scheiben Brot mit Speck, trank einen Schluck, zog die Gummistiefel aus und warf sich in die Koje. Im nächsten Augenblick war er in tiefe Bewusstlosigkeit gesunken.

Und dann kam es. Ein Gedonner kam und ein Brechen und eine sich drehende Finsternis. Er fiel irgendwohin. Die Einigkeit sank weg, fing sich und ruckte hoch.

Ja, was nun? Er stand schwankend da und stierte in die Dunkelheit. Wenn es mit rechten Dingen zugegangen wäre, hätte doch alles längst vorbei sein müssen. Aber die Einigkeit musste so schnell gekentert sein, dass sie nicht hatte voll laufen können und dass sich eine Luftblase in der Kajüte gefangen hatte, die ihm das Atmen ermöglichte wie in einer Taucherglocke.

Wo mochten sie jetzt sein, das Schiff und er? Seine Armbanduhr zeigte Viertel nach 13 Uhr. Dann hatte die Flut schon eingesetzt. Dadurch verringerte sich die Gefahr, dass die Einigkeit auf die Schifffahrtsstraße geriet und von einem großen Pott vollends unter Wasser gedrückt wurde. Flut und Wind drängten sich gegen die Inseln. Das konnte die Rettung bedeuten. Hoffentlich hielt die Luft noch so lange vor.

Zuerst hatte ihm die Kälte am meisten zugesetzt. Aber mit der Zeit nahm die Einsamkeit überhand, sie quälte ihn noch mehr als die Kälte. So sehr, dass er ein paar Mal in Versuchung kam, aufzugeben. »Ich habe keine weichmütige Natur«, sagte er, »das dürfen Sie mir glauben. Aber es war, als ob mir die Wände immer näher auf den Leib rückten in der Finsternis. Und ich hatte keine Hilfe und konnte nicht weg. Schön ist das nicht.« Er griff nach der Flasche. »Trinken Sie aus! Oder hätten Sie lieber ein Bier? Mutter, hol mal Bier aus dem Kühlschrank!«

»Nein, nein«, sagte ich. »Danke, ich darf ja nicht.«

Lille trank ihr Glas aus, zog es dann an sich und schüttelte den Kopf. »Ich danke auch. Aber ich möchte Sie wohl etwas fragen.«

»Fragen Sie nur, kleines Fräulein.«

Sie fasste wieder ihr Haar, so schräg von hinten, und schob es auf und ab. »Vorhin haben Sie gesagt, dass Ihre Armbanduhr noch ging.«

»Ging noch tadellos. Hier.« Er streckte ihr sein Handgelenk entgegen. »Hat keinen Tropfen durchgelassen.«

Lille schob noch immer ihr Haar auf und ab. »Ich wollte Sie fragen, ob Ihnen das Ticken, wenn Sie die Uhr ans Ohr hielten, und die Leuchtziffern, ob Ihnen die nicht wie etwas Lebendiges vorgekommen sind in der Finsternis.«

»Sieh mal an«, sagte der Steuermann. Er ließ den ausgestreckten Arm mit der Uhr auf dem Tisch liegen und richtete seine Augen auf Lille. »So war es tatsächlich. Wie kommen Sie darauf?«

»Ich hätte Sie gern gefragt«, fuhr Lille fort, »ob Sie … oder ich will einmal so anfangen …« Sie spielte mit ihrem Glas. »Wenn Menschen … es braucht sich nicht einmal um eine so furchtbare Lage zu handeln wie Ihre … ich meine, wenn Menschen in großer Not sind und nicht mehr aus noch ein wissen, dann … na ja, dann kommt manchmal etwas über sie.«

»Hm«, sagte der Steuermann.

»Na ja, zum Beispiel, dass sie anfangen zu beten.«

Der Steuermann sah vor sich hin, warf einen kurzen Blick auf Lille und sah dann wieder vor sich hin.

Schweigen. Ich räusperte mich leise. Wieder Schweigen.

Frau Leiss zupfte Lille am Ärmel ihres Pullovers und flüsterte ihr unter verstohlenem Nicken zu: »Er auch.«

Der Steuermann schien es nicht gehört zu haben, er atmete tief aus: »Ich jedenfalls nicht.« Dann zog er die Luft wieder ein.

»Das ist doch keine Schande, Alwin«, sagte Frau Leiss, »was du mir erzählt hast, ist doch keine Schande.«

»Ich habe ja gar nicht richtig. Alles Unsinn. Nur so … wie das so geht … man will es nicht, man hat ganz was anderes im Sinn, man denkt, wie man hier herauskommen soll. Und dann ist noch was anderes da, wie ein Gestöhn irgendwo innen. Kann keiner was gegen machen. – Aber dass Sie mir ja nichts darüber schreiben, sonst werde ich verdammt unangenehm!«

Ich wies seine Befürchtung mit beiden Händen zurück, zeigte auf Lille und erhob die Hände noch einmal.

»Außerdem war ja auch Weihnachten«, sagte Lille.

Frau Leiss stand auf. »Ach je, ich sollte dir ja … Du wolltest das ja noch nachlesen.«

Aber der Steuermann befahl ihr mit einer unwilligen Bewegung, zu bleiben. »Jetzt doch nicht.«

Lille sah ihn an. Er fasste nach dem angebrochenen Tabakpäckchen und begann, sich die Pfeife zu stopfen. Als er fertig war, rauchte er schweigend vor sich hin. Ich überlegte, ob ich meinerseits etwas fragen solle. Da fing er an zu sprechen.

»Nach zwei Stunden hatte ich nur noch verdammt wenig Hoffnung. Ich merkte, dass der Sauerstoff in der Luftblase abnahm. Meine Augen konnten die Leuchtziffern kaum noch erkennen vor Taumeligkeit. Zwei Stunden in der Finsternis sind eine lange Zeit, das kann ich Ihnen sagen. Da ist man nicht mehr für das verantwortlich, was einem durch den Kopf kommt. Und was kommt einem da nicht alles durch den Kopf! Weihnachtstag. Daran denkt man natürlich auch, ist ja verständlich. Christi Geburt. ›Und es ging ein Gebot von Kaiser Augustus aus.‹ Ich versuchte, ob ich es noch zusammenkriegte. Gleich der Anfang kam mir nicht ganz richtig vor. Mit einem Male hatte ich es: ›Und es begab sich, dass ein Gebot vom Kaiser Augustus ausging.‹«

»Zu der Zeit«, warf Lille ein.

»Sehen Sie! Nicht einmal jetzt kriege ich es zusammen. Und in der Finsternis schon gar nicht. ›Da machte sich auch auf Joseph aus Nazareth, der Stadt Davids.‹ Oder stimmt's wieder nicht?« Er wandte sich an mich. »Ich bin für so etwas nicht zuständig«, sagte ich. Lille schüttelte den Kopf.

»Wahrscheinlich stimmt es nicht. Mir schummerte die ganze Zeit über, dass es nicht stimmte. Und schließlich gab ich's auf. Aber dann sagte ich mir, es könnte ja sein … ich sage ja, worauf verfällt man nicht alles, wenn man so ins Ungewisse treibt, in den Tod und in was für einen Tod … Und da machte ich eine Wette gegen das Schicksal: Wenn ich die Geschichte richtig zusammenbrächte, dann würde ich doch noch gerettet. Junge, was habe ich mir den Kopf zergrübelt, dass ich es in die Erinnerung kriegte. Aber ich erwischte immer nur einen Fetzen. ›Und sie gebar einen Sohn in der Krippe … denn es war sonst kein Platz in der Herberge … und wickelte ihn in Windeln und legte ihn in die Krippe … und die Engel verkündeten den Hirten: Ehre sei Gott in der Höhe und den Menschen ein Wohlgefallen.‹ So ungefähr. Ich weiß, dass es nicht stimmt, aber für mich stimmte es trotzdem. Ich hatte etwas, worauf ich meine Gedanken richten konnte, dass ich nicht unterging in der Finsternis, dass die Finsternis mich nicht unterkriegte.«

»Es gibt noch eine andere Weihnachtsgeschichte«, sagte Lille. »Und das Licht scheint in der Finsternis.«

»Mag sein«, sagte der Steuermann. »Ich kenne nur: ›Und es begab sich ein Gebot vom Kaiser Augustus.‹ Und das hat mich gerettet. Weil ich es nicht richtig konnte, hat es mich gerettet. Und darauf kommt es an.«

»Und die Finsternis hat's nicht begriffen«, fuhr Lille fort, aber so tonlos, dass es kaum zu verstehen war.

»Gerettet«, sagte ich, »obwohl Sie die Wette eigentlich verloren hatten. Hören Sie, Herr Leiss, das mit der Weihnachtsgeschichte würde ich aber doch gern bringen.«

»Auf keinen Fall«, sagte er.

»Schade«, sagte ich. »Und dann?«

»Ja, dann …« Er dehnte sich, indem er die Hand mit der Pfeife hochstreckte und mit der anderen seinen Nacken rieb. »Kurz nach 16 Uhr kam der erste Stoß. Die Trümmer im Niedergang kreischten, im Laderaum rumpelte es, ich hielt den Atem an. Und da kam auch schon der nächste Stoß. Das Schiff saß auf Grund. Auf Grund, meine Herrschaften! Mit ungeheurer Wucht donnerte die Brandung darüber hin. Jeder Brecher lüftete es an und schob es ein Stück vor sich her. Und dann rollte einer heran, der es nicht weiterschob, sondern umdrehte. Wie wenn ein Riese sich mit seiner Schulter von unten dagegenstemmte und es umdrehte. Jetzt brauchte ich nicht mehr mit der Luft zu sparen. Ich pumpte mir die Lunge voll und tauchte nach dem Türknopf. Er war auch jetzt wieder unter Wasser. Ich drehte ihn um, und die Tür ging wahrhaftig auf, nicht weit, aber doch so weit, dass ich mich hindurchzwängen konnte. Das Eisengewirr und das zersplitterte Holz, das den Niedergang versperrt hatte, musste sich beim Umdrehen verschoben haben. Ich kletterte hindurch. Gerade fegte wieder ein Brecher über Deck. Das Schiff lag auf einer Sandbank. Da drüben zogen sich die Dünen einer Insel hin. Aber zwischen der Bank und der Insel tobte und schäumte noch die See. Kein Gedanke, dass ich hinüber konnte. Ich war steif wie ein Ankerradhebel. Hoffentlich merkten sie drüben, dass hier noch jemand am Leben war. Vorläufig ließ sich keine Seele blicken. Dabei hatten sie mich auf dem Beobachtungsturm der Seenotfunkstelle längst entdeckt. Aber das wusste ich ja nicht. Der Rettungskreuzer Langeoog war schon ausgelaufen und wollte versuchen, mich von See aus zu erreichen. Die Insel hieß also Langeoog. Und da kamen sie endlich über die Dünen und am Strand entlang, die Inselbewohner. Sie winkten, und ich winkte zurück. Ich verstand nicht, dass sie mich auf den Rettungskreuzer hinweisen wollten. Er kam nicht heran, die Brandung ging viel zu hoch. Schließlich forderten sie einen Hubschrauber von Ahlhorn an. Im Handumdrehen war er da. Er ließ eine Strickleiter herunter, ich streckte den Arm hindurch und krallte mich fest mit meiner letzten Kraft. Dann hoben sie mich ein paar Meter an und orgelten mich erst zum Strand hinüber und dann nach Esens. Das Ganze dauerte keine Viertelstunde. Und nun sitze ich hier und freue mich meines Lebens.«

»Und ich freue mich, dass ich ihn bei mir habe«, sagte Frau Leiss. Sie stand auf, murmelte etwas vor sich hin und ging hinaus.

»Junge, Junge«, sagte ich, indem ich meine Notizen zusammenraffte, »da sitzt wirklich Musik drin. Und jetzt wird es höchste Zeit, dass ich an meinen Schreibtisch komme. Vielen Dank, Herr Leiss, und gute Tage, und dass Sie bald ein neues Schiff kriegen!«

»Wird schon werden.«

Lille verabschiedete sich mit einer kleinen Verbeugung.

»Wo ist Ihre Frau denn geblieben«, sagte ich.

Frau Leiss rief durch die offene Tür, sie käme schon. »Hier ist es, Alwin.« Sie hatte ein schwarzes Buch in der Hand. »Du wolltest es doch nachlesen.«

»Jetzt nicht. Leg's irgendwohin.« Er wies mit dem Arm ins Ungewisse.

Frau Leiss brachte uns hinaus. Die Straßenlaternen brannten schon. Es fing wieder an zu schneien.

»Was wirst du nun schreiben?«, fragte Lille, als wir im Wagen saßen.

»Stoff genug. Viel zu viel. – Du fährst doch mit zu mir?«

Sie fasste in ihr Haar. »Vom Eigentlichen wird wieder einmal nicht gesprochen.«

»Darf ich ja nicht. Hat er mir doch ausdrücklich verboten. Und das ist sein gutes Recht. Leider.« Ich steckte den Zündschlüssel ins Schloss und ließ den Motor anspringen. »Außerdem will ich dir mal was sagen, Lille. Das Eigentliche ist außerdem schon nicht mehr das Eigentliche. Ist längst vorbei und abgetan. War nur, solange er in der Finsternis saß. ›Leg's irgendwohin.‹ Das kennt man doch.«

»Das kennt man doch«, wiederholte sie. Ihre Augenbrauen zogen sich gegen die Nasenwurzel zusammen.

»Was ist denn los, Lille?«

»Nichts. Bitte, nichts.«

»Ist es dir so schrecklich, dass der Mensch so ist, wie er ist?«

Ihre Fäuste drehten sich auf dem Schoß gegeneinander.

Ein Flockenwirbel trieb durch die Helligkeit der Scheinwerfer. Ich fuhr langsam an.

Fritz Mühlenweg

Der Christbaum von Hami

In den ersten Dezembertagen kam ich nach Hami. Ich war, wie die Chinesen sagen, »in ehrfurchtsvoller Erwartung«, denn Hami ist die erste Oasenstadt, die man betritt, wenn man die große Wüste Gobi hinter sich gelassen hat. Es fiel mir ein, dass Marco Polo vor rund siebenhundert Jahren auch in Hami war. Als ich durch das Stadttor ritt, erinnerte ich mich aber, dass es auch Leute gibt, die sagen, das wäre falsch und Marco Polo wäre nie in Hami gewesen; er habe die Stadt bloß vom Hörensagen gekannt. Deshalb habe er über Hami geschimpft und berichtet, dass dort schlechte Leute wohnten. Ich habe herausgefunden, dass die Bewohner von Hami gute Leute sind. Die Chinesen waren liebenswürdig, und bei den Türken, die dort wohnen, war ich oftmals eingeladen. Sie gaben meinen Kameraden und mir jedes Mal ein Festessen, und nachher bekamen wir Zuckermelonen, die man in den Gärten von Hami zieht.

Am liebsten war ich bei Herrn Chen. Er war der Post-meister von Hami, und er sprach nicht nur Chinesisch, sondern auch Englisch. So konnten wir uns über alles unterhalten, was es gab. Als ich ihn kennen lernte, gab er mir gleich eine Menge Briefe, die aus der Heimat eingetroffen waren, und das war das Beste. Aber dann kamen keine Briefe mehr. Jedes Mal, wenn ich zum Postamt ging, bedauerte mich Herr Chen aufrichtig. »O Schande«, sagte er, »ich wage nicht, Ihnen unter die Augen zu treten!« Dann lud er mich zu einer Tasse Tee ein, und er sagte, das Ausbleiben der Briefe liege daran, dass es jetzt in den Bergen so viel geschneit habe, und die Postreiter könnten nicht über die Pässe reiten, und er bäte um Geduld. Ich sagte: »Ja, Herr Chen.« Aber geduldig wurde ich deshalb nicht.

Weihnachten rückte näher, und wenn man keinen Weihnachtsbaum hat, möchte man wenigstens Briefe haben. Meinen Kameraden ging es wie mir. Zwei Tage vor dem Fest sagte einer: »Da wir keine Briefe bekommen, wollen wir einen Weihnachtsbaum haben.«

Alle riefen: »Bravo!« Und ich ging sofort zum Postmeister Chen. Ich fragte ihn, wo hierzulande Tannenbäume wüchsen. Wir bräuchten dringend einen, sagte ich. Herr Chen hob bedauernd die Schultern, und er sagte, so was gebe es hier nirgends.

»Tannen«, versicherte Herr Chen, »gibt es sowieso keine. Vielleicht können Sie eine Fichte finden, aber dazu müssen Sie ins Gebirge gehen, ganz hoch hinauf, wo sonst kein Mensch hinkommt. Es ist sehr gefährlich.«

»Wie heißt die Fichte auf chinesisch?«, fragte ich.

Herr Chen sagte: »Fichte heißt ›sung‹.« Dabei lächelte er.

Am nächsten Morgen sattelten wir Pferde, und sobald die Sonne aufging, ritten wir zu dritt zum Stadttor hinaus. Vorher konnten wir nicht aufbrechen. Die Soldaten öffneten das Tor nicht eher, als bis die ersten Sonnenstrahlen über dem Rand der Stadtmauer glänzten. Während wir am Postamt vorüberritten, schien mir, als ob einer durch das winzige Guckloch am Papierfenster schaute. Aber ich hätte es nicht beschwören können. Es war ja auch nicht wichtig.

Hami liegt am Fuß der hohen Barkul-Berge. Wir ritten die Straße hinauf, die zum Pass führt, und wir suchten rechts und links überall nach Bäumen. Es gab aber bloß Steine und Felsen. Wir wussten wohl, dass es hier schon lange keine Wälder mehr gab außer im Hochgebirge, aber deshalb gaben wir die Hoffnung nicht auf. Irgendeine kleine Fichte würden wir schon finden.

Am Nachmittag wären wir mit einer Kiefer zufrieden gewesen, aber es gab auch keine Kiefern. Wir stiegen höher und höher. Wir zogen die Pferde hinter uns drein, und dann begann der Schnee. Es war noch weit bis zum Pass. »Wenn wir jetzt umkehren«, sagte ich, »wird es dunkel, bevor wir das Stadttor erreichen, und sie lassen uns nicht mehr hinein.«

Von da an suchten wir nicht mehr nach einer Fichte, sondern nach einer Unterkunft für die Nacht. Die Sonne sank, der Himmel war wie von Feuer übergossen, aber wir froren. Als wir uns mit dem Gedanken vertraut machten, im Freien kampieren zu müssen, fanden wir ein Kirgisenzelt. Das war eine Freude. Die Kirgisen waren freundliche Leute. Sie hatten Pferde, und sie hatten Schafherden bei sich, und die Lämmer übernachteten mit uns im Zelt, denn da brannte ein Feuer. Es war schön warm, und zu essen bekamen wir auch. Als wir beim Tee saßen und als wir uns anlachten, weil keiner von uns etwas auf kirgisisch sagen konnte, fragte ich, ob sie nicht wüssten, was »sung« sei und wo es das gebe. Aber die Kirgisen verstanden kein Chinesisch, und so lachten wir miteinander noch mehr. Schließlich nahm ich ein Blatt aus der Rocktasche und zeichnete eine Fichte darauf. Da wurde die Heiterkeit erst recht groß. Die Kirgisen schlugen sich auf die Schenkel vor Vergnügen, und einer nahm mich am Ärmel und führte mich vor das Zelt. Er zeigte auf den Nordstern, und dazu sagte er: »Sung.« Wir verstanden uns vortrefflich.

Am andern Morgen schenkte ich den guten Leuten meinen Bleistift und den Block Papier mitsamt der Fichte darauf. Als Gegengabe bekamen wir ungezählte Segenswünsche, und dann ritten wir nach Hami zurück, damit wir am Heiligen Abend an einem Tisch sitzen konnten, auf dem ein gutes Essen und eine Petroleumlampe standen. Der Weg war weit. Es ging zwar bergab, aber die Pferde waren müde. Wir trotteten so dahin, und als wir Hami von ferne erblickten, stand die Sonne im späten Nachmittag. Die Schatten wurden länger und in den Tälern der letzten Ausläufer des Gebirges lag Flugsand. Wir erkannten unsere

Spuren vom Tag vorher. Seither war niemand des Weges gezogen.

Plötzlich, nicht weit von der Wegspur, es waren kaum hundert Meter, und es war überhaupt nicht zu glauben, stand da ein Tannenbäumchen. Das Bäumchen war schön gewachsen und hatte prächtige Äste rundherum. Es war nicht groß, aber es war nicht zu übersehen. Ich glaube, wir erblickten es gleichzeitig. Wir schrien laut, und wir galoppierten, und ich sprang als erster aus dem Sattel. Dann redeten wir alle durcheinander. Wir gingen um das Bäumchen herum.

»Es ist eine Fichte«, sagte Hans, der sich auskannte, »wie kommt die hierher?«

»Sie stand schon gestern hier und vorgestern auch«, sagte ich, »aber du hast geschlafen.«

»Hast du sie vielleicht gesehen?«

»Natürlich. Ich wollte dir die Freude lassen.«

»Eigentlich ist es schade darum«, sagte Bodo, »es ist ein schöner Baum.«

»Es ist ein Bäumchen«, sagte ich, »und man muss es an der Wurzel absägen, damit nichts verloren geht.«

Ich räumte den Sand beiseite und die Steine, die da lagen, und Hans holte den Fuchsschwanz, den wir zum Bäumefällen mitgenommen hatten. Das war aber nicht mehr notwendig. Auf einmal neigte sich das Bäumchen zur Seite und fiel von selber um. Wo es im Boden gesteckt hatte, lag eine rote chinesische Glückwunschkarte. »Fröhliche Weihnachten« stand darauf.

»So ein schlechter Mensch«, sagte Hans, »und ich hielt ihn für einen ehrlichen Postbeamten.« – »Uns hat er hereingelegt«, sagte ich. Jetzt erst bemerkten wir eine Eselsspur, die von Hami kam und wieder zurückführte. Da beeilten wir uns. Wir nahmen das Bäumchen mit, und wir ritten einen scharfen Trab.

Wie auf Verabredung sprangen wir vor dem Postamt vom Pferd, aber die Tür war verschlossen. Ich schaute durch das Guckloch im Papierfenster und blickte in die dämmrige Leere einer Amtsstube. Da ritten wir nach Hause.

Unser Koch grinste, als er uns kommen sah. »Großes Glück!«, rief er uns freudestrahlend entgegen. »Unerwarteter Reichtum ist eingetroffen!« Er hob den Vorhang von der Tür, und weil der Tisch in der Mitte des Zimmers stand, sahen wir gleich die Pakete und die vielen Briefe und auch ein Päckchen mit kleinen weißen Kerzen und mit dem Glückwunsch, den wir schon kannten.

»Fröhliche Weihnachten« stand darauf.

Die Mitte der Nacht
ist der Anfang des Tages.
Die Mitte der Not
ist der Anfang des Lichts.

Alter Weihnachtshymnus

Wann fängt Weihnachten an?

Wenn der Schwache
dem Starken die Schwäche vergibt,
wenn der Starke
die Kräfte des Schwachen liebt,
wenn der Habewas mit dem Habenichts teilt,
wenn der Laute
bei dem Stummen verweilt
und begreift,
was der Stumme ihm sagen will,
wenn das Leise
laut wird
und das Laute
still,
wenn das Bedeutungsvolle
bedeutungslos,
das scheinbar Unwichtige
wichtig und groß,
wenn mitten im Dunkel
ein winziges Licht
Geborgenheit,
helles Leben verspricht,
und du zögerst nicht,
sondern du
gehst
so wie du bist
darauf zu,
dann,
ja, dann
fängt Weihnachten an.

Rolf Krenzer

Gerd Schimansky

Die Schnapsflasche

In der zerstörten Halle des Hamburger Hauptbahnhofs, auf den immer noch nicht trümmerfreien Bahnsteigen schob und stieß sich eine wohl tausendköpfige Menge hin und her. Kein Mensch kam voran, und niemand konnte sich durch eine Rückwärtsbewegung aus seiner gepressten Lage befreien. Dabei sollte der Zug, mit dem die meisten fahren wollten, der Zug nach Hannover, erst in zwei Stunden eingesetzt werden.

Eisig fegte der Nordwind durch die zertrümmerten Fensterscheiben. Scharfe schnelle Kristalle peitschten die erstarrten Gesichter. Wohin man sich drehte, die schmerzenden kleinen Pfeile kamen überall her. Da half kein hochgeschlagener Mantelkragen, kein in die Stirn gepresster Hut, kein Vorder- und kein Nebenmann. Niemand wollte Deckung geben, jeder suchte selber Schutz.

Einzig ein angetrunkener Seemann saß ohne jede Deckung da, und zwar auf der Kante des Bahnsteigs. Die Beine ließ er zu den Gleisen hinabbaumeln, auf denen man den Zug erwartete. Sein Gesicht zeigte den fröhlich-blöden Ausdruck dessen, der die Lage überhaupt nicht erfasst. Als dämmere ihm erst ganz allmählich, was hier gespielt wurde, wandte er sich mit ödem Erstaunen den ungeduldig Wartenden zu. Dann schüttelte er bedauernd den Kopf. Aus der rechten Rocktasche der blauen Joppe ragte ein Flaschenhals hervor, und auch die Brusttasche rundete sich verräterisch. Fietje – so hieß er, dies verkündete er allen Umstehenden – hatte »gut eingeheizt«. Er fror nicht. Er würde auch im Zug nicht frieren. Er hatte hier einen Sitzplatz, er würde auch im Zuge nicht stehen. Zuversicht, nichts als Zuversicht strahlte, nein, dünstete er aus – in wohltuendem Gegensatz zu der düsteren Erwartungslosigkeit dieser eingepferchten, ingrimmig stampfenden, argwöhnisch um jeden Zentimeter Boden kämpfenden Menschenmenge.

Fietjes verbrauchtes Gesicht, eingesunken und überschattet, erhielt durch die Habichtsnase und das kantige Kinn einen Zug ins Kühne, ins Wikingerhafte. Und wie er jetzt den Kopf hob und sich aufreckte, dann aufsprang, da war es ein unerwarteter Schwung, der seine gerupfte Person beflügelte. Ein etwas ramponierter Wikinger, aber immerhin.

Doch was ging mich dieser Mann jetzt an? Einzig die Sorge hielt mich in Atem: Gelingt es mir diesmal, in den Zug hineinzukommen, oder scheitere ich wie schon heute früh?

In zwei Tagen sollte es Weihnachten sein, Weihnachten 1946. Das Reisen, das Leben überhaupt war keine Lust. Ich weiß nicht, wie ich die beiden Stunden bis zur Einfahrt des Zuges überstanden habe. Die Spannung hielt einen aufrecht, der verbissene Wille, es diesmal zu schaffen und vom Trittbrett ins Zuginnere einzudringen.

Kurz bevor dieser entscheidende Augenblick kam, gab es noch einen Zwischenfall. Etwas wurde bekannt gegeben, was die Lage jäh veränderte. Der Zug sollte nun doch nicht auf Gleis acht, sondern auf Gleis sechs eingesetzt werden. Alle hatten wir hier vergeblich gewartet. Die Menge quoll wie ein vielgliedriges Tier zurück und schob sich dann hastend – einige wurden umgerannt – auf den anderen Bahnsteig. Wer vorn gestanden hatte, war jetzt der hinterste, und wer sich, ohne jede Hoffnung, am Ende des überfüllten Bahnsteigs mehr wie ein Zuschauer eingefunden hatte, der eilte nun froh und leichtfüßig allen voran, um sich am neu angekündigten Gleis bequem und günstig aufzustellen. Hätte man sich doch nur den Weg abkürzen und über die Schienen klettern können – aber gerade jetzt lief ein Güterzug ein, und vor ihm kam man nicht mehr hinüber. Es sei denn, man wäre Fietje gewesen. Unbekümmert um die nahende Maschine rutschte er über die schneeglatten Gleise dahin, rutschte mehr, als dass er ging. Wenn er fiel … Aber niemand warnte ihn, niemand hielt ihn zurück. Allenfalls streifte man den leichtsinnigen Kerl mit einem tadelnd-erschreckten Seitenblick.

Wahrhaftig, er schaffte es. Knapp vor der heranfauchenden Maschine erreichte er den rettenden Bahnsteig. Dort stand unser Zug. Wie ich hineingekommen bin, weiß ich selbst nicht. Ein allgemeiner Aufschrei, Klirren von Fenstern, Beine, die plötzlich in die Luft ragten, hochgereckte, hinterhergeschleuderte Gepäckstücke – ein letztes Drängen, ein Stöhnen der Erleichterung. Ich saß. Das heißt, ich hatte gesessen, aber in einem unbedachten Augenblick, in dem ich mich erhob, um überflüssigerweise meine Mütze noch ins Gepäcknetz zu schieben, drängte sich eine beleibte Dame an mir vorbei. Sie fiel auf meinen Platz nieder.

»Ich sitze«, schnaufte sie. »Ich sitze …«

Mich selbst behandelte sie wie Luft. Jede Auseinandersetzung war vollkommen zwecklos. Sie saß.

Beleibt zu sein, allein dies schon bedeutete in jenen Hungerjahren eine Herausforderung, lief auf Verhöhnung der ausgemergelten »Normalverbraucher« hinaus, die eben nur über ihre – oft nicht voll einlösbare – Lebensmittelkarte verfügten. Und nun saß diese kraftstrotzende Person – aus welchen Quellen mochte sie sich ernähren? –, stämmig saß sie auf meinem Platz.

In keiner sehr weihnachtlichen Verfassung trat ich diese Reise an. Vor mir türmte sich ein Berg von Gepäck das halbe Fenster hinauf. Manche schienen alles mitzuschleppen, was sie besaßen. Und nun, während ich so gegen diese Koffer gepresst stand, verdunkelte sich das Fenster, das noch nicht hochgeschoben war. Fast hätten mir zwei Füße gleichzeitig ins Gesicht gestoßen. Mit ungehemmtem Schwung zwängte sich Fietje ins Abteil herein. Akrobatisch geschickt balancierte er so lange, bis er glücklich auf den hochgetürmten Koffern hockte, das Fenster verdeckend. Und also *saß* er, ganz wie er es auf dem Bahnsteig vorausgesagt hatte. Schnapsgeruch durchdrang die Luft.

Nach und nach konnte ich bei der herrschenden Dämmerung die Gesichter einiger Mitreisender erkennen. Die Frau freilich, die mir meinen Platz genommen hatte, war durch ihren großen Hut gegen mich abgeschirmt. Ein entlassener Kriegsgefangener, ein junger Mann mit einem engen, vergilbten Gesicht, starrte erwartungslos vor sich hin. Nicht uncharmant erschauernd hüllte sich eine spitznasige Person in einen leopardenartig gesprenkelten Umhang. Ihr gegenüber beugte sich ein Mann mit ungewöhnlich dicken Brillengläsern über eine Zeitschrift, unmöglich konnte er bei diesem Zwielicht etwas lesen. Die anderen Gesichter waren durch Mützen und Tücher verdeckt.

Ein grünliches Licht flammte auf, eine Art Gaslicht oder Notlicht, erstaunlich genug für diese verkommenen Eisenbahnwagen. Das Gesicht des Lesenden erhellte sich dankbar. Er hob seine Zeitschrift in den unsicher zuckenden Schein, sie hieß »Die Arche«. Aber noch eh der Zug abfuhr, erlosch die trübe Beleuchtung wieder. Zugleich spürten wir die Eiseskälte in dem Abteil, obwohl Fietje das Fenster geschlossen hatte. Eine Ecke der Glasscheibe fehlte. Wir saßen im letzten Wagen. Bis hierher würde sich die Dampfheizung, falls sie überhaupt in Gang kam, nicht auswirken.

Fietje begann, sich geräuschvoll die Hände zu reiben, weniger vor Kälte, wie mir schien, als vor Behagen. Und kaum setzte der Zug sich in Bewegung, so traf er Zurüstungen, um unser Beisammensein auf einen mehr traulichen Ton zu stimmen. Er holte eine Kerze aus der Jackentasche, schob den Gepäckberg, auf dem er saß, so zurecht, dass tatsächlich auf einem Holzkoffer etwas Platz entstand, breitete ein sauberes Taschentuch darüber, zündete die Kerze an und klebte sie auf dieser Unterlage fest.

Niemand nahm Notiz davon. Ich wartete nur auf den Augenblick, in dem mir die brennende Kerze aufs Knie fallen würde, und suchte vergeblich auszuweichen. Fietjes Vogelgesicht, von einer nicht geheuren Heiterkeit überglänzt, schwebte vor und über mir. Regelrecht betrunken schien er eigentlich nicht zu sein. Geschickt baute er einen Windschutz für die stark flackernde Kerze auf. Immerhin saßen wir nun halbwegs im Hellen. Die Kerze diente zugleich als unsere einzige bescheidene Wärmequelle. Aber was denn jetzt? Jetzt zog er ein paar Fotos aus der Tasche, angegraut und verknickt, und die sollten wir nun ansehen. »Weiterreichen«, sagte er.

Die Dame, die mir meinen Platz genommen hatte, dachte nicht daran, auch nur eine Hand aus der Manteltasche zu ziehen. Die andere in dem schlecht imitierten Leopardenfell fasste die Bilder vorsichtig mit ihren überlangen Fingernägeln – nur ja nicht, dass die Fingerkuppe sie berührte – und gab sie, die Mundwinkel gesenkt, rasch weiter. Lediglich der junge Heimkehrer betrachtete die Fotos, reichte sie dann aber – mit seinen Gedanken offenbar weit weg – wieder zurück, statt sie dem Leser der »Arche« zu geben. Ich legte sie wortlos neben die Kerze.

Fietje rückte die Bilder auf dem ausgebreiteten Taschentuch zurecht, so wie man einen Geschenktisch schmückt, und sagte dann: »Das war mein Schiff.« Das Foto zeigte einen kleinen Frachter.

»Und das hier war meine Heimat, Pommern.« Von drei weiteren Fotos sagte er: »Das waren meine Familien.«

Hatte er denn mehrere Familien? Durchaus. Aus seinen etwas wirren Erläuterungen konnte man auf ein Durcheinander schließen, ein Durcheinander teils von ihm geschiedener, teils gar nicht erst geheirateter Frauen mitsamt

Kindern vielfältiger Herkunft. Alle Angehörigen dieses komplizierten Liebesidylls sahen so aus, als lebten sie vom Stehlen oder noch Schlimmerem. Er aber hielt ihre Gesichter noch einmal ungeniert vor uns hin. Und ebenso mussten wir den Frachter erneut betrachten. Der war, wie Fietje bitter versicherte, »im Eimer«, den hatten »die anderen«, wie eben alle Schiffe heute. Ein Seemann sollte besser nicht leben.

Wenn nun doch wenigstens einer von uns etwas gesagt hätte, vielleicht: »Tja, bedauerlich ... der verlorene Krieg ... Sind wohl lange zur See gefahren?« Aber nein, kein Wort. Niemand sprach mit dem unrasierten Kerl. Und keiner sah ihn an.

Die Dame auf meinem Platz atmete mit hörbarer Erleichterung auf, als jetzt der Schaffner kam. Und – da hatten wir's ja – Fietje fuhr ohne Fahrkarte. Er wühlte in seinen Taschen herum, er zog die ihm noch verbliebene Flasche heraus. Er öffnete seinen Seesack. Nichts, nichts ... Er sollte die Fahrt bezahlen. Aber, Dunnerja, er hatte die Karte doch gehabt, noch vor dem Einsteigen! – Gut, der Schaffner wollte wiederkommen.

Fietje suchte weiterhin nach seiner Fahrkarte. In unseren Mienen aber stand der immer wachsende Zweifel geschrieben: Du hast gar keine gehabt, alter Freund! – Niemand half ihm. Nur der Leser der »Arche« blickte pflichtschuldigst auf den Fußboden, auf den Gang hinaus. Es blieb dabei: Fietje musste zahlen.

Aber er konnte es ja nicht. Es fehlten, wie ihm der bald zurückkehrende Schaffner beharrlich vorrechnete, noch siebzehn Mark achtzig. Keine sehr hohe Summe in jener Zeit, in der das Geld so wenig wert war. Aber wer gibt sie einem Betrüger?

Doch *musste* Fietje zu seiner Familie, das beteuerte er mit verzweifelter Eindringlichkeit. Bei dem Wort Familie kicherte die dicke Dame. Fietje bot dem Schaffner Schnaps an. Der knurrte in eingelernter Empörung etwas, das klang wie »Beamtenbestechung« – glaubhaft wirkte nur der Seitenblick, der uns, die störenden Zeugen, voller Verärgerung traf. Denn – wären die beiden allein gewesen – so ein richtiger Schnaps heutzutage … Schon auf der nächsten Station hatte Fietje gefälligst auszusteigen.

Noch einmal sah er sich hilfesuchend im Abteil um. Die Kerze warf einen fleckigen Schein auf sein Gesicht, es schien noch hagerer geworden, von Bartstoppeln überschattet. Der Leser der »Arche« zog unsicher seine Brieftasche aus dem Mantel, öffnete sie aber nicht. Auch mir tat Fietje Leid. Doch schien er sich damit abzufinden, dass er nun, in einer Viertelstunde, aussteigen musste. Und es war ihm anscheinend darum zu tun, dass wir diese Viertelstunde noch recht weihnachtlich zubrachten. Er rückte die Bilder unter der Kerze zurecht. Und nun begann er zu singen. Es war ein ganz schrecklicher Gesang. »Leise rieselt der Schnee …« mit ungenau zurechtgestottertem Text und einer von alkoholischer Rührseligkeit diktierten Melodie. Wer wollte da etwa mit einstimmen?

Aber Fietje ließ sich nicht beirren. Jetzt schien er eine Art von buntem Teller vorzubereiten. Wahrhaftig, mit seinen behaarten und, wie ich jetzt erst sah, tätowierten Händen wickelte er vertrocknete Brotstücke aus zerfetztem Zeitungspapier aus, tat etwas angeschmutzten Zwieback hinzu, legte dies alles schauerlicherweise in seine Mütze und bot es uns an. Eine Mauer des Schweigens richtete sich auf, wir erstarrten vor Abwehr.

»Wir möchten Sie nicht berauben!« Die spitznasige Leopardin verzog den Mund, als tränke sie Essig.

Fietje nahm seine Mütze zurück. Er hielt sie auf seinem Schoß, er rührte keinen Bissen an.

Mit einer jähen Bewegung ergriff er jetzt die Flasche, die in seiner Brusttasche steckte. Er entkorkte sie, wischte die

Öffnung umständlich mit dem Taschentuch ab, und nun reichte er mir die immer noch klebrige Schnapsflasche zu. Ich schüttelte den Kopf, ich gab sie ratlos weiter. Die beleibte Dame auf meinem Platz lachte schrill auf: »Sie sind total beschwipst, mein Lieber. Wird höchste Zeit, dass Sie aussteigen.«

Die als Raubkatze Verkleidete ließ ihren kosmetischen Augenglanz feindselig aufleuchten. Mit einem »Pfui Teufel« wollte sie die Flasche zurückreichen, da wurde sie ihr, zu unser aller Verblüffung, von der anderen Seite entzogen.

Der Leser der »Arche« war sehr bleich geworden, er starrte vor sich hin wie jemand, der jetzt auf einen Punkt blicken muss, damit ihm nicht schwindlig wird. Und dann sagte er mit gepresster Stimme: »Sie gestatten.«

Er nahm die Flasche, setzte sie an, und wirklich kam ein Schluck über seine Lippen. Der Widerwille schien ihn zu lähmen, er verschluckte sich, er hustete keuchend.

»Vielen Dank«, sagte er atemlos und reichte Fietje die Flasche zurück. Dessen Gesicht verwandelte, verjüngte sich zusehends. Er saß da wie ein beschenktes Kind. Die Flasche selbst schien er vollkommen vergessen zu haben.

»Ich … muss jetzt aussteigen«, sagte er zu seinem Trinkgenossen. Aber es klang ganz fröhlich. »Hier, Sie fahren noch.« Und schon wollte er dem Erbleichten die Flasche wieder kredenzen. Das heißt, nein, er wollte sie ihm schenken. Er stellte sie, nachdem er sie verschlossen hatte, vor ihn auf den Boden.

Man erinnere sich, was Schnaps in jener Zeit bedeutete. Schnaps und Zigaretten, dafür gab es Kartoffeln und Kohlen und alles, was das Herz begehrte. Welch ein Hochmut, welch ein Unverstand lähmte uns denn, so dass niemand auf den nahe liegenden Gedanken kam, Fietje seine Flasche abzukaufen, um ihm dadurch die Weiterreise zu ermöglichen?

Er nahm seinen Seesack. Der Zug fuhr bereits langsamer. Die eine Hand hielt schon den Griff des Fensters, durch das er wieder hinauswollte, denn durch den überfüllten Gang gab es kein Zurück.

Der »Arche«-Leser griff erneut nach seiner Brieftasche. »Ich hätte Ihnen die Weiterreise gern …« Er machte eine Handbewegung, die ausdrückte: Leider habe ich nicht genug Geld bei mir.

Aber Fietje hatte das Fenster schon heruntergezogen. Sein Seesack flog voraus.

»Ihre Flasche!«, rief der Beschenkte und hob sie beschwörend hoch. »Ihre Flasche, ich bitte Sie …«

Fietje war schon draußen. Der zum Fenster nachdrängende Mann rief vergeblich hinter ihm her. Dabei konnte Fietje den Bahnsteig noch gar nicht verlassen haben. Der Zug fuhr an. Wir sahen ihn nicht mehr. Ich wollte das Fenster schließen.

»Lassen Sie's auf«, rief die Leopardin, »dass endlich der Gestank verschwindet!«

Dabei zog sie ihren kleinen Lackkoffer an sich, den sie ängstlich zwischen ihre Füße gestellt hatte. Unter ihrem Koffer lag Fietjes Fahrkarte.

Wir sahen uns betroffen an. Der Zug hatte längst die Station verlassen. Fietjes Flasche war umgefallen und schepperte auf dem Fußboden hin und her. Niemand hob sie auf.

Hätte ich doch auch getrunken, wenigstens einen Schluck …

Der Leser der »Arche« starrte wieder in sein Blatt, aber ich merkte, dass er nicht las.

Fietjes Kerze brannte noch immer.

René Leudesdorff

Das letzte Urteil

Dan Bretton löschte das Licht und zog die Pistole aus seiner Jackentasche. Bis halb drei hatte er jetzt gewartet und immer wieder gelauscht. Die Rosenthalers unten im Haus müssten fest schlafen. Draußen herrschte ein abscheulicher Wintersturm, und dicke Schneematschflocken klatschten waagerecht an die Fenster seines Dachzimmers.

Es war alles viel besser gelaufen, als er es sich seit Jahren erträumt hatte. Dass sie ihn sogar aufnehmen würden wie einen Sohn, du liebe Zeit! So viel Ahnungslosigkeit bei Leuten, die es besser wissen mussten! Dan Bretton schüttelte den Kopf.

Zehn Stunden vorher, am Nachmittag des vierundzwanzigsten Dezember. Es läutete an der Haustür Sam Rosenthalers. Frau Ruth öffnete und sah in das ungepflegte Gesicht eines Mannes, der wohl im nächsten Moment bei ihr etwas erbetteln wollte. Man war das gewohnt hier in Stanford, einer der vielen kleinen vornehmen Schlafstädte im weiteren Umfeld von New York. Und Ruth Rosenthaler hatte für solche Fälle einige Dollarnoten an der Garderobe bereitgelegt.

Doch ihr fiel auf, dass dieser Mann, ganz im Gegensatz zu seinen Bartstoppeln und zu den meisten Bettlern, von einem im Übrigen durchaus ansprechenden Äußeren war. Und als er anstelle einer hergeleierten Bettelformel sagte: »Ich bitte Sie, geben Sie mir etwas Wärme und Freundlichkeit, das ist heute wichtiger als Geld«, da bat sie ihn zu ihrem eigenen Erstaunen herein. »Jim Wellers ist mein Name.« So stellte er sich vor.

Im Wohnzimmer prangte der goldschimmernde Tannenbaum mit bunten Kerzenlämpchen daran, wie sie auch das große Fenster leuchtend einrahmten. Der Esstisch war gedeckt, und es roch angenehm nach Fisch und Gemüse aus der offenen Küche, die in den Wohnbereich ganz mit einbezogen war. Dan Bretton wunderte sich, dass drei Gedecke hergerichtet waren. »Erwarten Sie einen Gast?« Sam Rosenthaler, der ein paar kurze Blicke mit seiner Frau gewechselt hatte, gab zur Antwort: »Ja – Sie.« Der Bettler erschrak. Doch ehe er etwas sagen oder auf anständige Weise die Flucht ergreifen konnte, legte der Hausherr die Hand auf dessen Arm und bat ihn, doch abzulegen und sich zu setzen; er wolle es ihm erklären.

»Wissen Sie, wir sind zwar Juden, aber die meisten von uns hier stellen zu Weihnachten einen Tannenbaum auf und beschenken sich gegenseitig. Jesus war schließlich auch Jude und gewiss einer der größten, die je gelebt haben. Wir glauben nicht, er sei der Messias gewesen, und es sind in seinem Namen die entsetzlichsten Grausamkeiten an unserem Volk verübt worden. Doch ihm selbst, der nichts als Frieden und Feindesliebe bringen wollte, ihm dürfen wir das nicht anrechnen.«

»Aber«, wandte Dan Bretton ein, »die Sache mit dem dritten Platz am Tisch und dass Sie mich als Gast erwarteten …?«

»Gut, Jim Wellers, das will ich Ihnen jetzt erklären. Weihnachten hat für Ruth und mich eine besondere Bedeutung. Wir verloren vor zwölf Jahren, am zwanzigsten Dezember«, die Stimme des alten Herrn begann zu vibrieren, »unseren einzigen Sohn, Jeremy, im Vietnamkrieg. Die Nachricht kam, das werden wir nie vergessen, genau am Weihnachtsabend. Seitdem legen wir zu seinem Gedächtnis jedes Jahr an diesem Abend beim Dinner ein Gedeck mehr auf. Wir wissen, er ist tot; aber dennoch warten wir auf ihn – so wie unser Volk und ja in einer Weise auch die Christen auf den Messias.«

Dan Bretton blieb verwirrt sitzen und starrte zu dem leeren Platz hinüber, auf den sein Gastgeber gezeigt hatte.

Die Dame des Hauses bat zu Tisch. Während sich der Fremdling die Hände wusch, blickte er in den Spiegel und sah, immer noch wie geistesabwesend, vor sich das Gesicht von Jeremy Rosenthaler.

Bei der Mahlzeit herrschte eine drückende Stimmung. Endlich durchbrach Ruth Rosenthaler das Schweigen: »Wissen Sie, Mister Wellers, der Tod unseres Jungen hat unser Leben völlig verändert. Mein Mann war ursprünglich Richter, drüben an der Westküste, in Santa Monica. Er war bekannt für seine strengen Urteile. Sie nannten ihn ›Sam, der Scharfrichter‹. Noch an jenem Morgen, bevor die Todesnachricht unseres Jungen eintraf, hatte er ein Todesurteil gefällt. Es ging um Doppelmord, ein Indizienprozess, der Aufsehen erregte. Die Anklage stand auf schwachen Füßen, die Ansichten der Geschworenen waren geteilt. Aber Sams harte Linie setzte sich durch. Der Mann wurde auf den elektrischen Stuhl geschickt.«

»Es war mein letztes Todesurteil. Und mein letztes Urteil überhaupt«, setzte Sam Rosenthaler nachdenklich hinzu. »Ich fand es hart und gerecht – ebenso gerecht, wie ich nur wenige Stunden später den Tod meines Sohnes ungerecht fand. Kurz nach Weihnachten brach ich zusammen. Ich musste ins Krankenhaus, anschließend zu einer Kur. Dann kehrte ich meinem bisherigen Leben den Rücken. Wir gingen viertausend Meilen weit fort, hierher an die Ostküste. Jetzt bin ich Anwalt und verteidige Demonstranten und Farbige, Kriegsdienstgegner und weibliche Kriminelle.«

Dan Bretton schwieg. Als man ihn nach dem Essen über seine Herkunft befragte, wich er anfangs aus und erzählte dann eine der üblichen Geschichten, wie sie Nichtsesshafte auf Lager haben, um das Mitleid der Leute zu erwecken. Er tat das aber augenscheinlich auf derart gewinnende Weise, dass ihm von den Gastgebern angeboten wurde, hier zu übernachten. Dabei verwiesen sie auf den inzwischen aufgekommenen Schneesturm und dass er doch jetzt unmöglich seine Wanderschaft fortsetzen könne. In Wirklichkeit schienen sie aber in ihm mehr zu sehen als nur einen Bettler, trotz aller Fremdheit, die zwischen ihnen stand. So konnte sich sein Gefühl der Feindseligkeit unter dem stärkeren Empfinden ihrer Trauer leicht verbergen.

Als Dan sich verabschiedet hatte und endlich auf seinem Zimmer war – nicht ohne vorher unauffällig die Lage der anderen Räume zu erkunden –, überkam ihn zuerst eine Welle des Stolzes. Ja, er hatte es geschafft, den Mann zu finden, der ihm sein Leben zerstörte. Heute vor zwölf Jahren hatte Sam Rosenthaler ihn zum Tode verurteilt.

Ein Justizirrtum! Ein Unrechtsurteil! Sein Anwalt hatte damals Revision eingereicht, die Urteilsvollstreckung wurde mehrfach ausgesetzt. Im Berufungsverfahren ließ sich seine Unschuld nicht beweisen; aber aus der Kritik an der Prozessführung durch »Sam, den Scharfrichter« erwuchs ihm ein milderes Urteil: fünfzehn Jahre.

Die endlos scheinende Zeit zog wieder an Dan Brettons Innerem vorüber. Zehn graue Jahre in St. Quentin, dieser menschlichen Hölle, da staut sich explosiver Hass auf. Nach der vorzeitigen Entlassung schlug er sich mit Gelegenheitsarbeiten durch, immer auf der Suche nach dem Mann, der einst sein Leben auslöschen wollte. Nun hatte er ihn endlich gefunden, hier am anderen Ende der USA, im Staate Connecticut.

Dan blickte auf seine Pistole, die im fahlen Nachtlicht schimmerte. Der Zeitpunkt wäre also da. Gut eingefädelt mit dem ungewöhnlichen Spruch an der Haustür! Beinahe hätte er sich noch verraten, weil er meinte, sie hätten tatsächlich gerade auf ihn gewartet. Wo er doch in Santa Monica den Sohn gekannt hatte! Keine schlechte Überraschung, wenn er von seinem Richter unter den hässlichen Bartstoppeln als dessen letzter Todeskandidat erkannt worden wäre. Nun, er hätte sofort geschossen. Jetzt, in der Nacht, konnte er es in Ruhe erledigen. Der Schneesturm würde den Lärm der Schüsse verschlucken und seine Spuren rasch überdecken.

Dan legte die Pistole auf das Bett und überdachte den Abend. Am Ziel seiner Rache angelangt, hatte man ihn aufgenommen wie den eigenen Sohn. Dessen Tod warf vor zwölf Jahren das Leben der Rosenthalers aus der Bahn. Sam war heute nicht mehr derselbe. Wen, um Gottes willen, würde er gleich erschießen, den alten oder den neuen Sam, den Bezirksrichter oder den Anwalt, den Mann, der zehn Jahre seines Lebens zerstört hatte, oder den Mann, der sich heute für Benachteiligte und Ausgestoßene einsetzt, wie er selber, Dan, einer ist?

Er merkte zu spät, dass sich die Zimmertür öffnete. Doch er griff gelassen nach der Pistole und richtete sie auf den Eintretenden. Das Licht ging an, und Sam Rosenthaler sagte, auf die Waffe blickend: »Tu's ruhig, wenn es dir hilft.« Da erst erkannte er, dass Dan ihm den Knauf, nicht den Lauf entgegenstreckte. »Es hilft mir nicht. Darum wollte ich sie Ihnen geben.«

Der Anwalt nahm die Pistole, trat einen Schritt auf Dan zu, und mit einer heftigen Bewegung umarmte er ihn. »Als du heute Nachmittag hereinkamst, wusste ich: Der ist da, um sich zu rächen. Aber dann sagte ich mir: Wenn er auf dem Platz unseres Jungen sitzt, dann ist er es auch. Und ich wusste: Dann wirst du deine neuen Eltern nicht umbringen.«

Und Sam drehte sich zur Tür, um laut hinunterzurufen: »Hallo, Ruth, steh rasch auf! Wir wollen feiern. Wir haben wieder einen Sohn!«

Werner Wollenberger

Janine feiert Weihnachten

Wann ist Weihnachten? Man sagt, am 24. Dezember, am 25. vielleicht. Das habe ich auch immer geglaubt, bis jene Geschichte passierte, die ich jetzt erzählen möchte. Seither bin ich nicht mehr so sicher.

Die Geschichte nahm ihren Anfang im Sommer des Jahres 1958 in einem kleinen Juradorf. Das Juradorf war wirklich sehr klein – ein paar Häuser, ein Bäcker, zwei, drei Wirtschaften, eine kleine Schule, eine Kirche und ein paar Familien über die Hänge verstreut. Eine dieser Familien bestand aus einem jungen Ehepaar und einem achtjährigen Mädchen, nennen wir es Janine.

Janine war ein fröhliches Mädchen, aber in diesem Sommer begann es zu kränkeln. Es wurde apathisch, es war immer müde, es nahm nicht mehr an den Spielen seiner Gefährtinnen teil; es begann Kopfweh zu haben, es wollte morgens nicht mehr aufstehen; es war krank. Zuerst schien die Sache nicht sehr besorgniserregend; aber nachdem Janine immer mehr zu klagen begann, ging die Mutter zum Arzt des nächsten größeren Dorfes. Der Arzt untersuchte sie und kam der Krankheit nicht auf die Spur.

So fuhr die Mutter denn eines Tages im September nach Basel und ließ Janine von einem berühmten Professor an der Universitätsklinik untersuchen.

Der Bescheid, den Janines Mutter bekam, war erschreckend. Janine hatte Leukämie, eine Blutkrankheit, gegen die es auch heute noch kein Mittel gibt und die binnen kurzer Zeit zum sicheren Tode führt. Der Professor gab Janine höchstens noch zwei Monate zu leben.

Die Mutter war verzweifelt. Sie beschwor den berühmten

Arzt, sie bat ihn, sie fragte, was sie tun könne, und dem Arzt blieb nichts übrig, als ihr zu sagen, das einzige, was sie für Janine noch unternehmen könne, sei, ihr die letzten Wochen ihres Lebens so schön wie immer möglich zu machen.

Janines Eltern waren nicht reich, aber es ging ihnen nicht schlecht, und sie beschlossen, für Janine zu tun, was immer nur zu tun sei: mit ihr zu reisen, ihr die Schweiz zu zeigen, die Welt zu zeigen; sie mit Geschenken zu überschütten.

Aber Janine wollte von all dem nichts wissen. Sie wollte nicht reisen, sie wollte keine Geschenke haben. Sie hatte nur einen einzigen Wunsch, und das war: Weihnachten zu feiern. Sie wollte Weihnachten haben, und zwar wunderschöne Weihnachten, wie sie sich ausdrückte, Weihnachten mit allem, was Weihnachten zu Weihnachten macht. Das war der einzige Wunsch, der Janine nicht zu erfüllen war. Dezember rückte näher, der Vater wurde immer verzweifelter, und in seiner Verzweiflung vertraute er sich einem Freund, nämlich dem Lehrer des Dorfes, an. Zusammen kamen die Männer auf eine Idee.

Der Vater ging nach Hause, mit gespielter Begeisterung erzählte er Janine, dass Weihnachten ausnahmsweise in diesem Jahre früher stattfinden werde, und zwar bereits am 2. Dezember. Janine war ein gescheites Kind und glaubte die Geschichte zunächst nicht; das heißt, sie hätte sie gerne geglaubt, aber sie konnte das gar nicht fassen. Nun, der Vater sagte, mit Ostern sei es ja auch so, und genauso sei es nun eben einmal mit Weihnachten. Die Idee schien dem Vater sehr gut; er hatte nur etwas dabei vergessen: Weihnachten ist ein Fest, das man nicht alleine feiern kann. Zu Weihnachten gehören die Weihnachtsvorbereitungen, das Packen der Paketchen, der Geschenke. Zu Weihnachten gehört als Vorbereitung, dass in den Geschäften die Geschenke ausgestellt sind, dass die Christbäume auf dem Dorfplatz aufgerichtet werden. Zu Weihnachten gehört die ganze Zeit vor Weihnachten, und zu Weihnachten gehört vor allem, dass alle es feiern.

Der Nächste im Dorf, der ins Vertrauen gezogen wurde, war der Bäcker. Und der Bäcker beschloss, seine Lebkuchenherzen dieses Jahr schon früher zu backen. Er beschloss auch, sein berühmtes Schokoladenschiff, das er jedes Jahr ausstellte, dieses Jahr schon früher ins Fenster zu stellen und aus den Schloten des Schiffes die Watte dampfen zu lassen. Und nun begannen die anderen Geschäftsleute des Dorfes, die sich zunächst gesträubt hatten – denn Weihnachten ist für Geschäftsleute nicht nur ein Fest, sondern eben auch ein Geschäft –, die Leute, die sich zunächst gesträubt hatten, begannen auch, ihre Weihnachtsvorbereitungen zu treffen.

Der Plan setzte sich immer fester in den Köpfen der Leute des kleinen Juradorfes. In der Schule wurde gebastelt; im Kindergarten wurde gebastelt; den Kindern wurde eingeschärft, dass Weihnachten dieses Jahr früher sei als in anderen Jahren, und es wurde überall gemalt, gebacken. Die Hausfrauen machten mit; die Väter gingen auf den Dachboden, holten die Lokomotiven und die Eisenbähnchen und begannen, sie neu zu bemalen oder auszubessern; die Puppen wurden in die Puppenklinik gebracht. In dem kleinen Dorf setzten schon Mitte November ganz große Weihnachtsvorbereitungen ein. Der letzte Widerspruch, der zu überwinden war, war der des Pfarrers: konnte er denn die ganze Weihnachtsliturgie vorwegnehmen? Er konnte es. Er setzte Weihnachten für den 2. Dezember fest.

Der 2. Dezember kam, und es wurde ein wundervolles Weihnachten für Janine, ein Weihnachtsfest wie in anderen Jahren. Die Sternsinger kamen, verteilten ihre Lebkuchen, ihre Nüsse, ihre Birnen, und sogar aus dem Radio kam weihnachtliche Musik, kam »O du fröhliche«, kamen die Schweizer Weihnachtslieder.

Und daran war nicht das Radio schuld, daran war ein kleiner Elektriker im Dorf schuld, der eine direkte Leitung in das Haus Janines gelegt hatte und vom Nebenhaus her Platten abspielte, deren Musik nun direkt aus dem Lautsprecher kam.

Es war ein wundervolles Weihnachtsfest, und zwei Tage später starb Janine. Am 24. Dezember 1958 wurde in diesem kleinen Juradorf nicht mehr Weihnachten gefeiert.

Hermann Bang

Einsam am Heiligen Abend

Jedes Mal, wenn Weihnachten kommt, muss ich an Herrn Sörensen denken. Er war der erste Mensch in meinem Leben, der ein einsames Weihnachtsfest feierte, und das habe ich nie vergessen können.

Herr Sörensen war mein Lehrer in der ersten Klasse. Er war gut, im Winter bröselte er sein ganzes Frühstücksbrot für die hungrigen Spatzen vor dem Fenster zusammen. Und wenn im Sommer die Schwalben ihre Nester unter den Dachvorsprung klebten, zeigte er uns die Vögel, wie sie mit hellem Schreien hin und her flogen. Aber seine Augen blieben immer betrübt.

Im Städtchen sagten sie, Herr Sörensen sei ein wohlhabender Mann. »Nicht wahr, Herr Sörensen hat Geld?«, fragte ich einmal meine Mutter. »Ja, man sagt's.« – »Ja … ich hab' ihn einmal weinen sehen, in der Pause, als ich mein Butterbrot holen wollte …«

»Herr Sörensen ist vielleicht so betrübt, weil er so allein ist«, sagte meine Mutter. »Hat er denn keine Geschwister?«, fragte ich. »Nein – er ist ganz allein auf der Welt …«

Als dann Weihnachten da war, sandte mich die Mutter mit Weihnachtsbäckereien zu Herrn Sörensen. Wie gut ich mich daran erinnere. Unser Stubenmädchen ging mit, und wir trugen ein großes Paket, mit rosa Band gebunden, wie die Mutter stets ihre Weihnachtspäckchen schmückte.

Die Treppe von Herrn Sörensen war schneeweiß gefegt. Ich getraute mich kaum einzutreten, so rein war der weiße Boden. Das Stubenmädchen überbrachte die Grüße meiner Mutter. Ich sah mich um. Ein schmaler hoher Spiegel war da, und rings um ihn, in schmalen Rahmen, lauter schwarzgeschnittene Profile, wie ich sie nie vorher gesehen hatte.

Herr Sörensen zog mich ins Zimmer hinein und fragte mich, ob ich mich auf Weihnachten freue. Ich nickte. »Und wo wird Ihr Weihnachtsbaum stehen, Herr Sörensen?«

»Ich? Ich habe keinen, ich bleibe zu Hause.«

Und da schlug mir etwas aufs Herz beim Gedanken an Weihnachten in diesem »Zuhause«. – In dieser Stube mit den schwarzen kleinen Bildern, den schweigenden Büchern und dem alten Sofa, auf dem nie ein Mensch saß – ich fühlte das Trostlose, das Verlassene in dieser einsamen Stube, und ich schlug den Arm vor's Gesicht und weinte.

Herr Sörensen zog mich auf seine Knie und drückte sein Gesicht an meines. Er sagte leise: »Du bist ein guter, kleiner Bub.« Und ich drückte mich noch fester an ihn und weinte herzzerbrechend.

Als wir heimkamen, erzählte das Stubenmädchen meiner Mutter, ich hätte »gebrüllt«.

Aber ich schüttelte den Kopf und sagte: »Nein, ich habe nicht gebrüllt. Ich habe geweint. Und weißt du, ich habe deshalb geweint, weil nie jemand zu Herrn Sörensen kommt. Nicht einmal am Heiligen Abend …«

Später, als wir in eine andere Stadt zogen, verschwand Herr Sörensen aus meinem Leben. Ich hörte nie mehr etwas von ihm. Aber an jenem Tag, als ich an seiner Schulter weinte, fühlte ich, ohne es zu verstehen, zum ersten Male, dass es Menschen gibt, die einsam sind. Und dass es besonders schwer ist, allein und einsam zu sein an Weihnachten.

Hans Steinacker

Ein Blitz am 1. Weihnachtstag

Der Schriftsteller Paul Claudel (1868–1955) erlebte beim Besuch des Weihnachtshochamtes am 25. Dezember 1886 in Notre Dame von Paris »den lebendigen und fast physischen Eindruck des Übernatürlichen«. Diese Offenbarung bestimmte fortan nachhaltig sein literarisches Schaffen (Bühnenwerke »Die Stadt«, »Der seidene Schuh« u.a. sowie »Ma conversion«, »Fünf große Oden« und »Correspondance«). Seine Werke gehören zu den wichtigsten literarischen Zeugnissen der ideologischen Auseinandersetzungen in der damaligen Zeit. Er schreibt darüber:

Damals fing ich zu schriftstellern an und hatte die Vorstellung, ich könnte in den katholischen Zeremonien, die ich mit dünkelhaftem Dilettantismus betrachtete, ein geeignetes Reizmittel und den Stoff für ein paar dekadente Übungen finden. In dieser Stimmung wohnte ich, von der Menge gestoßen und gedrückt, dem Hochamt mit mäßigem Vergnügen bei. (…) Ich selbst stand in der Menge in der Nähe des zweiten Pfeilers am Choranfang, rechts auf der Seite der Sakristei. Da nun vollzog sich das Ereignis, das für mein ganzes Leben bestimmend sein sollte. In einem Nu wurde mein Herz ergriffen, ich glaubte. *Ich glaubte mit einer so mächtigen inneren Zustimmung, mein ganzes Sein wurde geradezu gewaltsam empor gerissen, ich glaubte mit einer so starken Überzeugung, mit solch unbeschreiblicher Gewissheit, dass keinerlei Platz auch nur für den leisesten Zweifel offen blieb, dass von diesem Tag an alle Bücher, alles Klügeln, alle Zufälle eines bewegten Lebens meinen Glauben nicht zu erschüttern, ja auch nur anzutasten vermochten. Ich hatte plötzlich das durchbohrende Gefühl der Unschuld, der ewigen Kindschaft Gottes, einer unaussprechlichen Offenbarung.*

Bei dem Versuch, den ich schon öfters angestellt habe, die Minuten zu rekonstruieren, die diesem außergewöhnlichen Augenblick folgten, stoße ich auf eine Reihe von Elementen, die indessen nur einen einzigen Blitz bildeten, dessen sich die göttliche Vorsehung bediente, um endlich das Herz eines armen verzweifelten Kindes zu treffen und sich Zugang zu ihm zu verschaffen: »Wie glücklich doch die Menschen sind, die einen Glauben haben! Wenn es wirklich wahr wäre? Es ist wahr! Gott existiert, er ist da. Er ist jemand, er ist ein ebenso persönliches Wesen wie ich. Er liebt mich, er ruft mich.«

In Erinnerung an seine Christusbegegnung schreibt er 1910 in einer Ode: »*Der Dichter erinnert sich der Wohltaten Gottes und lässt einen Hymnus der Dankbarkeit zu ihm aufsteigen.«*

Sei gelobt, mein Gott

Sei gelobt, mein Gott,
der Du mich befreit hast von den Götzen,
und bewirkt, dass ich nur Dich anbete
und keineswegs Isis oder Osiris
oder die Gerechtigkeit oder den Fortschritt
oder die Wahrheit oder das Göttliche
oder die Humanität oder die Naturgesetze
oder die Kunst oder die Schönheit.

Herr, Du hast mich erlöst
von den Büchern und den Ideen,
den Wahngebilden und ihren Pfaffen.
Und Du hast nicht gestattet,
dass Israel fröne unter dem Joch der Entmannten.
Ich weiß, Du bist kein Gott der Toten,
sondern der Lebendigen.
Gespenster und Puppen werde ich nicht verehren,
weder Diana noch die Pflicht,
weder die Freiheit noch Apis, den Stier.
Nicht eure Genialischen, nicht eure Heroischen,
nicht eure Großen Männer und Übermänner;
gleichen Abscheu all diesen Entstellten!

Sei gelobt mein Gott,
der Du mich von mir selber befreit hast,
und der es wirkt, dass ich mein Gut
nicht in mich selber berge,
sondern in Deinen Willen allein.
Sei gelobt, weil Du mich
nicht ausgeliefert hast
an mich selber,

sondern mich annahmst wie ein Ding,
das dient und gut ist
für den von Dir vorbedachten Zweck.
Und ich weiß, dass ich verantwortlich bin,
und ich glaube an meinen Meister,
so wie er auch an mich glaubt.

Ich schenke Treue Deinem Wort,
und ich brauch's nicht schriftlich zu haben.
Darum lasst uns die Fesseln der Träume zerreißen
und die Götzen unter die Füße treten
und kreuzweis umarmen das Kreuz.
Denn das Bild des Todes erzeugt den Tod,
aber des Lebens Ahnung
das Leben, und die Anschauung Gottes gebiert
das ewige Leben.

Paul Claudel

Stuart Jackman

Dokumente aus der Geheimakte Davidson

KÖNIGLICHER PALAST
Büro des Hohenpriesters

AKTENNOTIZ

An meinen Nachfolger im Amt des Hohenpriesters

Diese Geheimakte wurde im Laufe der letzten Jahre zusammengestellt, um einen Überblick über das Leben eines gewissen Jesus Davidson aus Nazareth zu erhalten, angefangen bei seiner Geburt in Bethlehem bis zu seiner Hinrichtung wegen Hochverrats in Jerusalem.

Die folgenden Dokumente sind lediglich eine kleine Auswahl aus dem umfangreichen Material, das mir vom Geheimdienst der kaiserlich-römischen Armee und vom Präsidium unserer eigenen Polizei, Abteilung K II, zugänglich gemacht wurde. Es handelt sich dabei um Originale und um Fotokopien. Sie vermitteln einen guten Einblick in den fehlgeschlagenen Versuch Davidsons, sich selbst als Messias auszugeben. Sie lassen außerdem erkennen, wie verführerisch er in das Leben einfacher Leute eingriff, aber auch, wie bedrohlich er für die Sicherheit unseres Staates geworden war.

Noch sind nicht alle Fragen, die sich aus dieser Akte ergeben, zu meiner vollen Zufriedenheit beantwortet. Trotzdem bin ich fest davon überzeugt, dass das Vorgehen, zu dem ich mich gezwungen sah, gerechtfertig war. Nur so konnte ich unser Land vor seinem zersetzenden Einfluss bewahren.
(Die Haltung des Generalgouverneurs Pilatus ließ dabei allerdings die notwendige Klarheit vermissen – siehe dazu Anlage 18.)

Ich bin sicher, dass die Zusage, die ich Se. Exzellenz, dem Generalgouverneur Pilatus am Ende meines Briefes, den ich ihm anlässlich der Demonstration der Davidson-Anhänger zum Wochenfest schrieb (Anlage 28), sich später als richtig erweisen wird.

Kaiphas

Kaiphas
Hoherpriester

Abteilung
für Astrophysik
Platz der Chaldäer
Babylon

Dr. C. Y. Melchior

UNIVERSITÄT BABYLON

Photokopiert
am: 15.11.48
von: Dr. [illegible]

AMT FÜR POSTÜBERWACHUNG
G
Staats-
sicherheits-
dienst
a

An den Dekan
der Universität Ninive
Universitätsplatz

Ninive

Babylon, am 12. November 48

Hallo Klemens!

Du hast mir wegen der Cyrus-Gedächtnisvorlesung im Januar geschrieben. Du, das ist nichts für mich. Ich weiß, es ist 'ne große Ehre. Und ich finde es wirklich nett, dass du bei so was an mich denkst. Aber ich bin mehr Praktiker, weniger Theoretiker. Lass dich da von meinem »Dr. phil.« nicht täuschen. Ich bin der Jüngste hier im Forschungsbereich »Astrophysik«. Meine Kollegen Dr. Kaspar und Prof. Balthasar wären für dich da geeigneter. Kaspar ist wahrscheinlich der Mann im Bereich Raum-Licht-Zeit. Und Balthasar ist eine Kapazität in Erforschung und Analyse der UFO.

Hinzu kommt, dass ich zu diesem Termin gar nicht kann. Auch die andern beiden können nicht.

Im Augenblick klingt noch alles etwas geheimnisvoll. Tatsache ist jedoch, dass wir einen neuen Stern entdeckt haben. Genauer gesagt: Eine neue Art von Stern. Mindestens denkt Kaspar, es sei ein Stern. Balthasar meint, es sei eine Art Riesen-Raumschiff. Ich leg' mich da noch nicht fest. Aber was es auch sein mag, es ist wichtig und wir können es uns nicht erlauben, seine Spur zu verlieren. Es bewegt sich in einer Ost/West-Umlaufbahn. Morgen brechen wir drei auf; es kann eine lange und schwierige Reise werden. In diesem Stadium ist

Photokopiert

– 2 –

AMT FÜR POSTÜBERWACHUNG

Staats-sicherheits-dienst

es unmöglich, etwas über den Zielpunkt zu sagen. Aber wenn meine Berechnungen halbwegs richtig sind, werden wir entweder genau nach Jerusalem kommen oder zumindest in die Nähe davon. Und zwar etwa um die Zeit, in der bei dir die Gedächtnisvorlesung steigt.

Ich möchte nicht zu viel über das sagen, was wir erwarten. Denn im Augenblick ist alles noch reine Spekulation. Aber etwas will ich dir doch schon verraten – streng vertraulich, versteht sich –:
Wir vermuten, dass der Stern uns zu etwas führt, was die Autoren von Zukunftsromanen »eine Begegnung der dritten Art« nennen. Jetzt, wo ich das niederschreibe, werde ich schon wieder unsicher. Ich spüre in mir all die Vorbehalte des Naturwissenschaftlers gegen diese Dinge. Aus Balthasars Sicht ist es eine Art Raumschiff, das eine wichtige Person aus einer anderen Welt einfliegt. Kaspar brütet noch über den Formulierungen. Er glaubt, es sei ein Stern, der sich irgendwie in unsere Galaxis verirrt habe. Man solle ihn (den Stern) als eine Naturerscheinung mit übernatürlicher Bedeutung betrachten. Beide sind sie aber fest davon überzeugt, dass aus irgendeiner Ecke des Universums ein König kommen wird. Balthasar meint zu wissen, wie das vor sich gehen wird, Kaspar ist sich da nicht so sicher. Aber dass ein König kommt, darin sind sich beide einig. Nicht unbedingt ein König für Israel (obwohl – bei allem, was wir von Herodes hören – die dort einen rechtschaffenen Mann an der Regierung gut gebrauchen könnten), sondern einen für die ganze Welt. Wenn du so willst: einen König der Könige.

Ich weiß, das ist verrückt. Aber es ist auch ein verrückter Stern. Zum einen liegt seine Geschwindigkeit unter Schall. Es ist ein langsamer Stern, Klemens. Das ist unmöglich! Er kam mit Lichtgeschwindigkeit in die Umlaufbahn und im selben Augenblick praktisch zum Stillstand. Wir können ihn einfach nicht einordnen. Als wir unsere Computer mit den Messdaten fütterten, spielten die alle verrückt. Auf Funksignale reagiert er überhaupt nicht. Nur seine Laufbahn ist konstant und berechenbar. Das ist das einzige, was wir haben, wenn wir morgen losziehen.

Photokopiert
am 15.11.
von

– 3 –

All das, so interessant es auch ist, verblasst jedoch gegen die Spekulationen über den Grund seines Erscheinens. Die Ankunft eines Super-Königs enthält 'ne Menge Zündstoff, politisch mehr noch als wissenschaftlich. Sein Kommen könnte Frieden und Erfüllung für die Menschheit bedeuten. Ein Ende aller Sorgen in einer habgierigen und bösartigen Welt. Es könnte aber auch zu einer Krise von globalen Ausmaßen kommen, die das Leben der Menschen aller Nationen auf Jahrhunderte hinaus beeinflusst. Frieden oder Weltkrieg? Faszinierende, aber auch erschreckende Gedanken.

Mitten im Winter folgen drei Gelehrte einem Stern! Klingt lustig, nicht wahr? Ein Märchen aus Tausend-und-einer-Nacht. Aber wir ziehen los. Stecken unser ganzes Vertrauen in unsere Messgeräte und Berechnungen – und ziehen los. Selbstverständlich nehmen wir geeignete Geschenke mit: Gold, Weihrauch und Myrrhe – Zeichen für Reichtum, Religion und Sterben auf unserem Planeten. Wenn Balthasar Recht hat, und der Stern tatsächlich ein fremdes Raumschiff mit einer wichtigen Person aus dem Weltall ist, dann sollte man sicherlich am Ende der Reise nur ein neugeborenes Kind finden. Mit Gold und Myrrhe bin ich einverstanden. Aber mit dem Weihrauch bin ich weniger glücklich. Vielleicht deshalb, weil ich Naturwissenschaft und Religion nicht zusammenbekomme. Der alte Aberglaube hält sich gut, selbst in den intelligentesten Köpfen. Und Gott – falls es einen Gott gibt – weiß wohl, dass wir eine andere Dimension in unserem Leben brauchen, wenn wir uns unsere ursprüngliche Menschlichkeit bewahren wollen. Du kannst, wenn du willst, einen Computer bewundern. Aber nicht verehren und anbeten!

AMT FÜR POSTÜBERWACHUNG
G
Staatssicherheitsdienst

Photokopiert am: 15.11.99 von ...

AMT FÜR POSTÜBERWACHUNG G Staatssicherheitsdienst

Und ich muss zu meiner eigenen Überraschung feststellen, dass ein Teil in mir etwas – oder jemand – zum Anbeten braucht. Vielleicht beeinflusst mich auch dieser blöde Stern.

Da wahrscheinlich Jerusalem das Ziel unserer Reise sein wird, werden wir nach unserer Ankunft mit Herodes Verbindung aufnehmen, in der Hoffnung, dass er mit uns zusammenarbeitet. Wahrscheinlich hoffen wir da vergebens. Wie wird wohl ein Marionetten-König seines Zuschnitts auf die Ankunft eines Super-Monarchen innerhalb seines Territoriums reagieren? Kaspar meint jedoch, das seien politische Überlegungen und für uns belanglos. Ich hoffe, er behält Recht.

So, Klemens, das war's für heute. Über den Ausgang unserer Reise halte ich dich auf dem Laufenden. Danke noch mal für die Einladung zu deinem Gelehrtentreffen. Es ist wirklich keine Aufgabe für mich, selbst wenn mir der Termin gepasst hätte. Aber vielleicht können Balthasar oder Kaspar schon im nächsten Jahr über etwas sensationell Neues berichten. Merk' sie dir mal vor. Wenn alles so läuft, wie wir es uns vorstellen, sind die für den Rest ihres Lebens ausgebucht.

Herzlichst

Melchior

S.P.Q.R.

KAISERLICH-RÖMISCHE ARMEE

STRENG GEHEIM

X. Legion
Hauptquartier
Antonius-Turm
Jerusalem

GEHEIMMATERIAL — Höchste Geheimhaltungsstufe

AUSZUG AUS DEM TONBAND-PROTOKOLL
C 3/548 VOM 26. 12. 48

Vertraulich

Name des Verdächtigen:	Kraft, Peter
Alter:	53
Beruf:	Schafhirte
Ort der Festnahme:	Pinienhof, Davidstraße, Bethlehem
Leitung des Verhörs:	Leutnant B. L. Marius

(Abschrift beginnt ca. 23 Uhr)

MARIUS: Also gut, fangen wir noch einmal bei dem Licht am Himmel an. Wann genau erschien es zum ersten Mal?

KRAFT: Weiß nicht so genau. So um zwei Uhr morgens.

MARIUS: Sieht aus, als wären Sie sehr müde, Herr Kraft. Stimmt's?

KRAFT: Ja.

MARIUS: Drüben im Osten war's.

KRAFT: Was?

MARIUS: Das Licht am Himmel.

KRAFT: O ja, im Osten. Aber, das hab ich Ihnen doch schon alles erzählt.

MARIUS: Dann erzählen Sie es mir eben noch einmal. Von Anfang an. Es ist die Nacht vom 24. auf den 25. Und Sie waren – wo waren Sie noch mal?

KRAFT: Oben in der Nordweide. Wir waren alle da. Alle sechs waren wir da, um das Feuer herum, und die Mutterschafe pennten in der Mulde neben uns und ...

MARIUS: Das Licht, es bewegte sich, oder?

KRAFT: Ja. Es war groß und hing tief am Himmel und es kam über die Stadt her auf uns zu. Und dann war da dieser Lärm, wissen Sie .... so ein Dröhnen und Pfeifen.

STRENG GEHEIM

MARIUS: Ein Flugzeug beim Starten.

KRAFT: Das dachte ich auch zuerst. Mann, sagte ich, der Junge rasiert ja glatt die Hügel ab. Ich meine, er war tief unten, wissen Sie, nahe am Boden, nicht mehr als, sagen wir, 30 Meter überm Boden. Aber es war kein Flugzeug, Leutnant, zumindest nicht bis es sich auflöste.

MARIUS: Auflöste? Sie meinen, es explodierte?

KRAFT: Ja. Genau über uns. Das Licht war über den ganzen Himmel verteilt, taghell, und ein Krach, dass einem fast der Schädel platzte. Und es wurde immer toller, nicht wie ein Knall und dann Ruhe. Es war ein Donnern und Pfeifen und es hörte einfach nicht auf, sondern wurde immer lauter.

MARIUS: Und dann haben Sie die Stimme gehört.

KRAFT: Ja, dann haben sie die Stimme gehört, sie, die andern, ich nicht, ich hab keine Stimme gehört bei dem Heidenlärm um mich herum. Das hab ich Ihnen doch schon zweimal gesagt. Und wenn da eine Stimme war, so hab ich sie jedenfalls nicht gehört. Danach müssen Sie die anderen fragen, nicht mich.

MARIUS: Das werden wir auch tun, Herr Kraft. Das werden wir. Nun aber zu diesem Kind.

KRAFT: Ja. Es war da in dem Stall hinter der Kneipe, unten an der Hauptstraße.

MARIUS: Sie haben es gesehen.

KRAFT: Sie wollen mich wohl leimen?! Nein, ich hab es nicht gesehen. Die andern rannten los, aber ich, ich blieb auf dem Hügel. Wir haben fast 300 Schafe da oben, alle trächtig. Einer musste dableiben. Ich bin schließlich Oberhirte.

MARIUS: Wie sind Sie darauf gekommen, dass das Baby ein König sein könnte?

KRAFT: Na ja, wegen dem Engel natürlich, diese Stimme, die aus dem Himmel zu ihnen sprach.

MARIUS: Die Stimme, die Sie nicht gehört haben.

KRAFT: Mann, wie oft soll ich das denn noch sagen? Nein, die ich selbst nicht gehört hab.

MARIUS: Sie wollen also folgendes sagen: Diese Männer auf der Weide da draußen bei Ihnen meinten, sie hörten eine Stimme, die zu ihnen sagte, sie sollten losgehen und einen neugeborenen König in einem Stall angucken. Ist das richtig?

KRAFT: Ja, das ist richtig. Und als sie zurückkamen, sagten sie, sie hätten ihn gesehen, genauso wie es ihnen die Stimme vorher gesagt hatte.

MARIUS: War da das Licht immer noch da?

KRAFT: Nein. Es verschwand, nachdem die Stimme gesprochen hatte.

MARIUS: Die Stimme, die Sie nicht gehört haben?

KRAFT: Ja.

MARIUS: Wie verschwand das Licht?

KRAFT: Es, äh, es – ich weiß nicht –, es verschwand irgendwie. Ich meine, ich hab's nicht gesehen. Ich hielt mir die Augen zu. Das Licht war so stark, da konnte man blind von werden. Und dann, als der Lärm aufhörte, nahm ich die Hände runter, und es war wieder dunkel. Kein Licht mehr, kein Geräusch mehr, nichts.

MARIUS: So. Also: Eine Stimme, die Sie nicht gehört haben, ein Baby, das Sie nicht gesehen haben, ein Licht, das einfach kam und wieder verschwand. Ich bin von Ihnen enttäuscht, Herr Kraft. Wir sind Ihre Geschichte nun dreimal durchgegangen und Sie erzählen mir immer wieder dieselben Lügen.

KRAFT: Nein, keine Lügen! Es ist die Wahrheit! Ich sag's genau so, wie es wirklich war.

MARIUS: Und wie erklären Sie sich das Ganze?

KRAFT: Ich, ich weiß nicht ...

MARIUS: Sie können es selbst nicht richtig verstehen, ja?

KRAFT: Nein, eigentlich nicht so richtig.

MARIUS: Ich auch nicht, Herr Kraft, ich auch nicht. Und dabei gibt es eine absolut vernünftige Erklärung für alles.

KRAFT: Ja?

MARIUS: Ja. Und die hört sich so an: Ihr wart alle müde und es war euch kalt da oben auf eurer Wiese, und da gingen die anderen hinunter in die Stadt und durch den Hintereingang in die Kneipe, um was zu trinken und sich aufzuwärmen.

KRAFT: So was würden die nie tun! Meine Jungs. Nie! Außerdem hätt ich sie gar nicht gelassen.

MARIUS: Das glaube ich Ihnen. Aber Sie wussten nichts davon. Deshalb mussten die sich ja diese lächerliche Geschichte mit Lichtern und Stimmen und Babys ausdenken.

KRAFT: Aber da war ein Baby im Stall.

MARIUS: Ich weiß. Wir haben das überprüft.

KRAFT: Sehn Sie! Was ich gesagt hab.

MARIUS: Ein junges Paar. Einfache Leute aus dem Norden. Zurzeit hier wegen der Volkszählung. Und die Frau hochgradig schwanger. Trotzdem, nirgends mehr Platz für sie. Deshalb mussten sie in den Stall hinter der Kneipe.

KRAFT: Dann haben meine Jungs doch die Wahrheit gesagt.

MARIUS: Glauben Sie? Die haben das Baby gesehen. Und das war genau das, was sie brauchten: Eine passende Ausrede dafür, dass sie die Schafe und Sie allein gelassen hatten. Und damit das Ganze noch etwas verrückter klang, dachten die sich noch ein paar Engelsstimmen und einen geheimnisvollen neuen König dazu – und alles war klar. Aber – das wissen Sie genauso gut wie wir.

KRAFT: Sie meinen, ich versuche sie zu decken?

MARIUS: Ich weiß, dass Sie sie decken.

KRAFT: Aber – warten Sie –, was ist mit dem Licht? Und dem Lärm? Ich meine, ich sah doch ...

MARIUS: Was Sie sahen und hörten, war Flug 69 der Imperial Airways von Lydda nach Alexandria. Start 2.00 Uhr morgens. Wir haben das überprüft.

KRAFT: Nie! Was immer es auch war. Aber das war kein Flugzeug. – Und was ist mit der Stimme? Was ist damit?

MARIUS: Stimme? Welche Stimme? Ich dachte, Sie hätten keine Stimme gehört.

KRAFT: Nein. Ich – äh –, nein, ich hab nichts gehört.

MARIUS: Genau.

KRAFT: Aber wenn das so ist, warum hat man mich dann festgenommen?

MARIUS: Sie sind nicht festgenommen, Herr Kraft. Sie helfen uns nur bei unseren Ermittlungen.

KRAFT: Das heißt ... – heißt das, dass ich frei bin?

MARIUS: ... dass Sie frei wären, Herr Kraft, Sie wären frei, wenn Sie nur nicht ...

KRAFT: Wenn ich nur was nicht? Mann, mir reicht das langsam. Zwei Nächte hab ich jetzt nicht mehr geschlafen und ...

MARIUS: ... wenn Sie nur nicht diese absurde Geschichte mit dem neuen König aufgebracht hätten. Sehen Sie: Einige Schafhirten machen sich heimlich davon, um einen zur Brust zu nehmen. Na gut. Das ist nicht unser Problem. Aber wenn sie anfangen, Gerüchte zu verbreiten über Engel und Stimmen und neugeborene Könige, dann interessiert uns das schon wesentlich mehr. Denn das ist Hochverrat, Herr Kraft. Es gibt nur einen König in Israel, und der lebt hier im Palast in Jerusalem und verkriecht sich nicht in irgendeinen Stall in der Provinz. Habe ich Recht?

STRENG GEHEIM

KRAFT: Ja, wahrscheinlich.

MARIUS: Ach, wahrscheinlich?

KRAFT: Nein, ich meine, ganz bestimmt. Sicher.

MARIUS: Na gut. Dann unterschreiben Sie jetzt diese Erklärung, um damit ein für allemal klarzustellen, dass die ganze Geschichte von vorne bis hinten erlogen war. Und dann können wir beide nach Hause gehen und eine Mütze voll Schlaf nehmen. Okay?

KRAFT: Nein. Ich kenn mich mit Königen und diesen Sachen nicht so recht aus. Aber ich kenn meine Jungs. Und wenn die sagen, dass da eine Stimme war, die ihnen was über das Baby sagte, dann – ich weiß nicht warum –, aber dann war da auch eine Stimme.

MARIUS: Aha.

KRAFT: Und noch etwas, Herr Leutnant, mit allem Respekt. Aber das, was Sie über das Licht am Himmel sagten, stimmt nicht. Ich weiß, wie ein Flugzeug am Nachthimmel aussieht. Das war was anderes.

MARIUS: Herr Kraft, ich bin ein geduldiger Mann. Aber ich hoffe doch sehr, dass Sie meine Geduld nicht noch dadurch strapazieren, dass Sie behaupten, Sie hätten ein UFO gesehen!

KRAFT: Ein was?

MARIUS: Ein unidentifiziertes Flugobjekt. Kleine grüne Männlein mit Hörnern und sechs Armen direkt von der Venus.

KRAFT: Ich kenn mich da wirklich nicht aus. Man sieht manchmal ziemlich ungewöhnliche Dinge am Himmel nachts vom Hügel aus.

MARIUS: Ja, das glaube ich auch. Sie sind also nicht bereit, hier zu unterschreiben?

KRAFT: Nein. – Tut mir Leid, aber ..., nein.

MARIUS: Tja, dann müssen wir noch einmal ganz von vorne anfangen. Also Sie waren da oben auf der Nordweide ...

Ende der Abschrift

Vertraulich

KAISERLICH RÖMISCHE ARMEE S.P.Q.R.

Notiz zum Verhör:

Selbst der Einsatz der verschärften Verhörmethode brachte Kraft nicht dazu, seine Geschichte aufzugeben. Während die Aussagen der anderen Schäfer, was die Stimme und was die Identität des Kindes im Stall angeht, stark zu bezweifeln sind, muss man annehmen, dass Kraft in jener Nacht tatsächlich etwas Außergewöhnliches am Himmel sah. Es ist unwahrscheinlich, dass es sich dabei um einen Kometen oder Meteor handelt. Es ist anzuraten, das Gebiet der Nordweide und die dort befindlichen Schafe von einem Strahlenmesstrupp untersuchen zu lassen.

Vertraulich

B. Marius, Lt.

Diese Durchschläge wurden bei einer Durchsuchung des Büros von Gregor Patros beschlagnahmt.

Kaiserliches Labor für KLAP angewandte Physik

Dr. T. L. Hendrix
Kaiserliches Labor
für angewandte Physik

Alexandria
ÄGYPTEN

AMT FÜR POSTÜBERWACHUNG
G
Staatssicherheitsdienst
D

Photokopiert
am: von: MC 23.1.49

Dr. phys. Gregor Patros
Leiter der Abt. Außendienst im
Kaiserlichen Labor für
angewandte Physik
z.Z. Hotel "Vier Jahreszeiten"
Bethlehem
Provinz Judäa

22. 1. 49

Lieber Theo,
ich lege dir meinen Bericht über den Störfall in Bethlehem bei. Wie du selbst sehen wirst, sind die Ergebnisse meiner Nachforschungen nicht gerade überzeugend. Mit anderen Worten: Es gibt keinen wissenschaftlichen Beweis für die Behauptungen der Regierung betreffs des Todes der Kinder. Leider war es auch nicht möglich, Obduktionen vorzunehmen, denn wegen der drohenden Panik hatte man entsprechende Maßnahmen getroffen, d. h. man hatte von oberster Stelle angeordnet, die Leichen der Kinder zu verbrennen. Auch die Versuche, genaue Informationen über Symptome, Verlauf und Art der Krankheit von den Eltern der toten Kinder zu erhalten, brachten kein Ergebnis. Der einfache Bürger hat natürlich keine Ahnung, wie man wissenschaftliche Beobachtungen über Schäden durch radioaktive Strahlung macht. Nicht, dass ich das nicht erwartet hätte, aber ich hatte doch wenigstens mit einem gewissen Maß an Unterstützung gerechnet. Leider habe ich mich da sehr getäuscht. Die ganze Stadt steht unter einem Schock – was unter den gegebenen Umständen auch nur zu verständlich ist –, aber darüber hinaus habe ich das Gefühl, dass da noch etwas anderes im Spiel ist, was sie davon abhält, über die ganze Angelegenheit zu sprechen. Vielleicht ist es Angst. Aber Angst wovor?

Ist es möglich, dass wir es hier eher mit einer politischen als mit einer wissenschaftlichen Angelegenheit zu tun haben? Ist die ganze Geschichte von dem geheimnisvollen Stern und der

Photokopiert am: MC 27/1/46 von

AMT FÜR POSTÜBERWACHUNG G Staatssicherheitsdienst D

nachfolgenden Epidemie der Strahlenerkrankungen nur ein Vorwand für etwas anderes, Wichtigeres? Ich weiß es nicht.

Ich lege zwei kurze Aufzeichnungen von Gesprächen bei, die ich führen konnte. Es würde mich sehr interessieren, was du dazu meinst. Ich selbst halte die Aussagen für sehr unwahrscheinlich, selbst wenn ich die allseits bekannte fortschreitende Paranoia des Herodes berücksichtige. Aber die beiden Befragten waren sich in ihrer Meinung einig, dass es ein Massaker war.

Nun ja, wie die Wahrheit auch immer aussehen mag, es ist nicht unsere Sache. Und ehrlich gesagt, bin ich froh, wenn ich wieder hier weg kann. Bethlehem ist mir irgendwie unheimlich.

Herzlichst
Greg

Greg.

Anlagen

Kaiserliches Labor für KLAP angewandte Physik

ABTEILUNG FÜR INNERE SICHERHEIT

NACHFORSCHUNGEN ÜBER DAS ANGEBLICHE ERSCHEINEN EINES UFO IN BETHLEHEM/ISRAEL

I. Angaben der israelischen Regierung (Abteilung für Ökologie)

In der Nacht des 24. Dezember näherte sich ein helles Licht der Stadt Bethlehem. Es bewegte sich äußerst langsam am Himmel und kam aus östlicher Richtung.

AMT FÜR POSTÜBERWACHUNG
G
Staats-sicherheits-dienst

Es wurde beobachtet, dass es über den Hirtenfeldern der Stadt (vgl. Karte C 2) stehen blieb und schnell bis auf eine Höhe von ca. 60 m niederging.

Das Licht blieb in dieser Position etwa 8 Minuten und wurde von sehr hohen Tönen begleitet, die etwa mit den Klängen elektronischer Musik vergleichbar sind.

Einige Beobachter behaupten, dass sie eine oder mehrere Stimmen hörten, aber diese Aussage ist offiziell nicht anerkannt, da es sich bei den betreffenden Personen um abergläubische Bauern ohne Schuldbildung handelt.

STRENG GEHEIM

Dann verschwand das Licht wieder.

Als Folgeerscheinung brach eine Strahlenkrankheit in der Stadt aus und verursachte den Tod aller männlichen Kinder im Alter von zwei Jahren und darunter. Erwachsene und weibliche Kinder waren nicht betroffen.

Auf Anordnung des Leiters der veterinär-medizinischen Abteilung im Landwirtschaftsministerium in Jerusalem wurde die gesamte Schafherde, die zu der Zeit in der betroffenen Gegend weidete, geschlachtet und die Kadaver verbrannt.

Kaiserliches Labor für angewandte Physik KLAP

ABTEILUNG FÜR INNERE SICHERHEIT

AMT FÜR POSTÜBERWACHUNG
G
Staats-sicherheits-dienst

II. Radiologisches Gutachten

Eine detaillierte Überprüfung der Hirtenfelder wurde durchgeführt.

Es wurden keinerlei Spuren von Radioaktivität gefunden. Aus dem Boden beginnt neues Gras zu sprießen, das ohne Schäden und absolut gesund ist.

STRENG GEHEIM

Bodenproben, die einem sehr weitflächigen Gebiet entnommen wurden, zeigten keinerlei Anzeichen von Strahleneinwirkungen.

Messungen mit Geigerzählern in den Häusern, in denen die Kinder starben, waren ausnahmslos negativ.

Die Kleidung der verstorbenen Kinder wies keinerlei radioaktive Spuren auf.

III. Folgerungen

Auf der Grundlage des obigen Gutachtens gibt es keinerlei Beweise für die Behauptung, dass sich in der betreffenden Nacht ein radioaktiver, außerirdischer Flugkörper bei Bethlehem der Erde so weit näherte, dass er Spuren hätte hinterlassen können.

Da die Leichen der betroffenen Kinder eingeäschert und die Kadaver der Schafe verbrannt wurden, ist es unmöglich, die Art der Krankheit und die Todesursache genau festzustellen.

Nach Meinung des untersuchenden Teams sind keinerlei radioaktive Spuren in dieser Gegend zurückgeblieben. Es bestehen begründete Zweifel daran, dass überhaupt Radioaktivität aufgetreten ist.

Dr. phys. G. Patros

Kaiserliches Labor für angewandte Physik KLAP

STRENG GEHEIM

ABTEILUNG FÜR INNERE SICHERHEIT

ANHANG: PRIVAT UND VERTRAULICH

Zusammenfassung zweier Gespräche, die G. Patros führte

Gesprächspartner: Jude, Alter ca. 60 Jahre
Laut Aussage des Mannes, der ungenannt bleiben wollte, sind 5 LKW mit Infanteriesoldaten am frühen Abend des 8. Januar in Bethlehem angekommen. Die Soldaten verteilten sich in der ganzen Stadt und führten systematisch Durchsuchungen von Haus zu Haus durch, wobei sie alle männlichen Kinder im Alter bis zu 2 Jahren töteten. Die Leichen wurden in den LKW mit nach Jerusalem genommen, wie ein Verwandter des Mannes behauptete, und sofort verbrannt. Der Verwandte ist in der Garnison in Jerusalem als KFZ-Mechaniker angestellt.

Gesprächspartner: Jüdin, Alter 31 Jahre
Unabhängig vom ersten Gesprächspartner bestätigte diese Frau dessen Aussage. Sie behauptete, die Mutter eines der von den Soldaten getöteten Kinder zu sein. Besonders auffällig war die Art, mit der sie das Massaker detailliert beschrieb. Offensichtlich stand sie noch unter Schock.

Folgerungen:
Es ist nicht einfach, sich eine solch barbarische Handlung wie das Abschlachten von kleinen Kindern vorzustellen, aber das Fehlen irgendeines Beweises von Strahlenschäden stellt uns vor gewisse Fragen – Fragen, auf die wir wahrscheinlich niemals eine Antwort finden werden. Meine wiederholten Versuche, weitere Bürger zu befragen, blieben leider erfolglos. Ich habe das Gefühl, dass dieses Schweigen durch Androhung von Repressalien erzwungen ist. Was steht bloß dahinter?

AMT FÜR POSTÜBERWACHUNG G Staats-sicherheits-dienst

G.P. GP

saison-arbeiter

alle jahre wieder
holen die deutschen
ihre armen seelen
aus den kellern hervor.

in eigens dazu
bestimmten veranstaltungen
glänzen ihre augen
im kerzenschein.

sie schmücken ihre fenster
und wärmen die häuser
und haben auf einmal
wahnsinnig viel füreinander übrig.

doch dann wird alles
wieder säuberlich eingepackt,
sicher verwahrt
fürs nächste fest.

das ganze jahr über
sparen sie eisern
an stern und kerze,
glanz und wärme,
seele und traum.

Klaus Haacker

Dietrich Mendt

Der Nachweihnachtsengel

Als ich dieses Jahr meine Pyramide und die Krippe und die 32 Weihnachtsengel wieder einpackte, behielt ich den letzten in der Hand. »Du bleibst«, sagte ich, »du kommst auf meinen Schreibtisch. Ich brauche ein bisschen Weihnachtsfreude für das ganze Jahr.« »Da hast du aber Glück gehabt«, sagte er. »Wieso?«, fragte ich ihn. »Na, ich bin doch der einzige Engel, der reden kann.« Stimmt! Jetzt erst fiel es mir ein. Ein Engel, der reden kann? Das gibt es ja gar nicht. In meiner ganzen Verwandtschaft und Bekanntschaft ist das noch nicht vorgekommen. Da hatte ich wirklich Glück gehabt.

»Wieso kannst du eigentlich reden? Das gibt es doch gar nicht. Du bist doch aus Holz!« »Das ist so. Nur wenn jemand einmal nach Weihnachten einen Engel zurückbehält, nicht aus Versehen oder weil er sich nichts dabei gedacht hat, sondern wegen der Weihnachtsfreude, wie bei dir, dann können wir reden. Aber es kommt ziemlich selten vor. Übrigens heiße ich Heinrich.« »Heinrich? Bist du denn ein Junge? Du hast doch ein Kleid an.« Heinrich trägt nämlich ein langes rotes Gewand. »Das ist eine reine Modefrage. Hast du schon einmal einen Engel in Hosen gesehen? Na also.«

Seitdem steht Heinrich auf meinem Schreibtisch. In seinen Händen trägt er einen goldenen Papierkorb, oder vielmehr: einen Müllkorb. Ich dachte erst, es sei nur ein Kerzenhalter, aber da hatte ich mich geirrt, wie ihr gleich sehen werdet.

Heinrich stand gewöhnlich still an seinem Platz, hinter der rechten hinteren Ecke meiner grünen Schreibunterlage (grün und rot passt so gut zusammen!) und direkt vor ein paar Büchern, zwei Bibeln, einem Gesangbuch, einem Bändchen mit Gebeten und den Herrnhuter Losungen.

Und wenn ich mich über irgendetwas ärgere, hält er mir seinen Müllkorb hin und sagt: »Wirf rein!« Ich werfe meinen Ärger hinein – und weg ist er! Manchmal ist es ein kleiner Ärger, zum Beispiel wenn ich wieder meinen Kugelschreiber verlegt habe oder eine fremde Katze in unserer Gartenlaube vier Junge geworfen hat (zur Zeit besitzen wir zehn Katzen, zwei alte und acht junge!). Es kann aber auch ein großer Ärger sein oder eine große Not oder ein großer Schmerz, mit dem ich nicht fertig werde, zum Beispiel als kürzlich ein Vater und eine Mutter erfahren mussten, dass ihr fünfjähriges Mädchen an einer Krankheit leidet, die nie mehr zu heilen ist.

Wie soll man da helfen! Wie soll man da trösten! Ich wusste es nicht. »Wirf rein!«, sagte Heinrich, und ich warf meinen Kummer in seinen Müllkorb.

Eines Tages fiel mir auf, dass Heinrichs Müllkorb immer gleich wieder leer war. »Wohin bringst du das alles?« »In die Krippe«, sagte er. »Ist denn so viel Platz in der kleinen Krippe?« Heinrich lachte. »Pass auf! In der Krippe liegt ein Kind, das ist noch kleiner als die Krippe. Und sein Herz noch viel, viel kleiner.« Er nahm seinen Kerzenhalter unter den linken Arm und zeigte mit Daumen und Zeigefinger der rechten Hand – wie klein! »Denn deinen Kummer lege ich in Wahrheit gar nicht in die Krippe, sondern in das Herz dieses Kindes. Verstehst du das?« Ich dachte lange nach. »Das ist schwer zu verstehen. Und trotzdem freue ich mich. Komisch, was?« Heinrich runzelte die Stirn. »Das ist gar nicht komisch, sondern die Weihnachtsfreude, verstanden?« Auf einmal wollte ich Heinrich noch vieles fragen, aber er legte den Finger auf den Mund. »Pst!«, sagte er. »Nicht reden! Freuen!«

Behaltet doch mal einen Engel zurück, wegen der Weihnachtsfreude. Und spitzt die Ohren! Hört ihr's?

»Wirf rein!«

Nekrolog auf ein Jahr

Nun starb das Jahr. Auch dieses ging daneben.
Längst trat es seinen Lebensabend an.
Es lohnt sich kaum, der Trauer hinzugeben,
Weil man sich ja ein neues leisten kann.

Man sah so manches Jahr vorüberfliegen,
Und der Kalender wurde langsam alt.
Das Glück gleicht eleganten Luxuszügen
Und wir der Kleinbahn ohne Aufenthalt …

Im Wintersportgebiet hat's Schnee gegeben.
Wer Hunger hat, schwärmt selten für Natur.
Silvester kam. Und manches Innenleben
Bedarf jetzt fristgemäß der Inventur.

Wir gossen Blei und trieben Neujahrspossen.
(Minister formen meist den Vogel Strauß …)
Was wir im letzten Jahr in Blei gegossen,
Das sah verdammt nach Pleite-Geier aus.

Das Geld regiert. Wer hat es nicht erfahren,
Dass Menschenliebe wenig Zinsen trägt.
Ein braver Mann kann höchstens *Worte* sparen.
… Wenn er die Silben hübsch beiseite legt.

Die Freundschaft welkt im Rechnen mit Prozenten.
Bald siehst du ein, dass keiner helfen kann.
Du stehst allein. Und die dir helfen könnten,
Die sagen höchstens: »… rufen Sie mal an!«

Nun starb ein Jahr. – Man lästre nicht am Grabe!
Doch: Wenn das Leben einer Schule gleicht,
Dann war dies Jahr ein schwachbegabter Knabe
Und hat das Ziel der Klasse nicht erreicht.

Mascha Kaléko

Dein ist das Jahr, dein ist die Zeit

Dein ist das Jahr, dein ist die Zeit.
Dein, Gott, ist alle Ewigkeit.
Dein ist die Welt, auch wir sind dein;
Kann keins hier eines andern sein.
Dein ist der Tag und dein ist die Nacht.
Dein, was versäumt, dein, was vollbracht.
So gehen wir, Gott, aus dem, was war,
Getrost hinein ins neue Jahr.
Ins Jahr, dem du dich neu verheißt,
Gott Vater, Sohn und Heil'ger Geist.

Arno Pötzsch

Neujahr

In Finsternis geboren, dem Lichte zugewandt

Rembrandt; Die Flucht nach Ägypten (Radierung)

Neujahrswünsche

Miteinander reden und lachen
sich gegenseitig Gefälligkeiten erweisen
zusammen schöne Bücher lesen
sich necken
dabei aber auch einander Achtung erweisen
mitunter sich auch streiten ohne Hass
so wie man es wohl einmal mit sich selbst tut
manchmal auch in den Meinungen auseinander gehen
und damit die Eintracht würzen
einander belehren und voneinander lernen
die Abwesenden schmerzlich vermissen
die Ankommenden freudig begrüßen
lauter Zeichen der Liebe und Gegenliebe
die aus dem Herzen kommen
sich äußern in Miene Wort
und tausend freundlichen Gesten
und wie Zündstoff den Geist in Gemeinsamkeit entflammen
so dass aus den Vielen eine Einheit wird

Augustinus

Feste Überzeugung

Ich bin fest davon überzeugt,
dass im neuen Jahr
alles viel besser wird:
die Panzer, die Raketen, die Abwehrwaffen.

Werner Finck

Glück und Glas – wie leicht bricht das

Ein Mensch wünscht sich ganz unaussprechlich,
dass Glück und Glas sei unzerbrechlich.
Die Wissenschaft vollbringt das leicht:
Beim Glas hat sie's schon fast erreicht.

Eugen Roth

Einen Engel wünsch ich dir

Einen Engel wünsch ich dir,
der dir unterwegs begegnet.
Einer komm und bleib bei dir,
der dir hilft und der dich segnet.

Einen Engel wünsch ich denen,
die in Traurigkeit und Sorgen
sich nach Licht und Liebe sehnen,
einen Engel heut und morgen.

Einen Engel wünsch ich uns,
dass wir von ihm sehen lernen
und die hohe, schwere Kunst:
Leises hören in dem Lärmen.

Einen Engel sende Gott
zu uns her in diesen Tagen,
dass wir seine Botschaft hören
und danach zu leben wagen.

Ursula Koch

Herr der Stunden, Herr der Tage

Herr der Stunden, Herr der Tage,
sieh, wir stehn in deiner Hand;
aus dem Meer von Leid und Klage
führe uns auf festes Land.
Herr der Tage, Herr der Jahre,
dieser Erde Zwischenspiel,
wende es ins Wunderbare,
weis uns aller Ziele Ziel.
Herr der Jahre, Herr der Zeiten,
dir sind wir anheim gestellt;
wollest unsre Schritte leiten,
Herr der Menschen, Herr der Welt.

Hermann Hiltbrunner

Ludwig Richter

Silvesternacht in Rom

Aus den Erinnerungen eines Malers

Hatte der erste in Rom verlebte Winter durch die Masse neuer Eindrücke mich nach außen gezogen und in Spannung gehalten, so schien der zweite vorzugsweise zur Betrachtung und in das eigene Innere führen zu wollen. Die Erkenntnis der größten Werke alter und neuer Kunst war in mir gewachsen, und für die herrlichen Meister, welche unter uns lebten und schafften, ihre Geistesbildung und edle Sitte fühlte ich eine begeisterte Verehrung. Wenn ich nun aber auf mein Können oder vielmehr Nichtkönnen und auf meine große Unklarheit in Kunst und Leben blickte, dann empfand ich es tief, wie unvorbereitet ich nach Rom gekommen war und welch große Lücken auszufüllen blieben.

Ein Gebiet des Geisteslebens war es besonders, welches ich verödet und ungepflegt in mir gewahr wurde. Es war das religiöse – welches doch von Rechts wegen die Grundlage aller übrigen Vermögen sein muss, wenn sie sich gesund und *einheitlich* entfalten sollen.

Ich weiß nicht, woher es kam, dass jetzt öfter in stillen Stunden eine Sehnsucht erwachte, etwas Festes zu gewinnen, auf das ich Verlass haben könne in allen Lagen des Lebens; eine sichere Hand zu wissen, die den rechten Weg mir zeigen möchte aus dem, was mich beirrte oder mir zweifelhaft war. Ich hatte das Gefühl eines einsamen Schiffers auf dem Meere, der ohne Kompass und Steuer von Wind und Wellen getrieben wird. Am Himmel Nacht und keine leitenden Sterne!

Alle diese jetzt öfter auftauchenden Stimmungen waren eigentlich nichts anderes als die Frage nach Gott, die sich in meinem Innern mehr und mehr hervordrängte; nach einem lebendigen Gott, dessen ich nicht bloß durch einen abstrakten Begriff, sondern auf andere, unmittelbare Weise gewiss würde.

Wirkten vielleicht in der Tiefe der Seele die Worte des alten Steuermannes in Salzburg noch fort von dem »treuen Reisegefährten und seinem Worte«, oder war es die Erinnerung an jenen Regennachmittag in dem Wirtshaus in Pinzgau, wo ich ganz allein sitzend, durchnässt und müde, zum ersten Male die Abschiedsreden Jesu aus dem Johannes-Evangelium las? – Worte haben oftmals ein wunderbar zähes Leben; sie scheinen zu schlafen, aber regen und bewegen sich wie keimende Samenkörner, sobald die ersten Frühlingslüfte darüber wehen. (…)

In der Künstlerbibliothek fand ich Stillings Jugend- und Wanderjahre. Ich nahm das Buch mit nach Hause und wurde von demselben in hohem Grade gefesselt. (…) Ich war zu der Erzählung gekommen, wo Stilling, eine Stelle suchend, die Vetterstraße pilgert und von einem Herrn Pastor bei dieser Gelegenheit ein paar vortreffliche Lebensregeln mit auf den Weg bekommt. Bei der nächsten Einkehr aber wird berichtet: »Lieber Vetter, all unser Moralisieren ist nicht einen Pfifferling wert, und ich will euch eine größere Wahrheit sagen: *»Wenn der Mensch nicht dahin kommt, dass er Gott mit einer starken Leidenschaft liebt, so hilft ihm alles Moralisieren nichts, und er kommt nicht weiter.«* – Diese etwas eigentümliche, aber populäre Ausdrucksweise frappierte mich aufs Stärkste und traf in Herz; denn ich erkannte daraus, dass der Gottesglauben nicht ein totes Fürwahrhalten, sondern ein lebensvoll wirkendes Verhältnis sei, und dass aus einem *solchen* die sittlichen Folgen wie von sich selbst ganz natürlich entstehen müssten! – Diese Worte lagen mir während all der folgenden Tage immer im Sinne und ließen mich nicht wieder los. Aber – so fragte ich mich, kann der Mensch sich die Liebe geben? Wie soll ich zu solcher Liebe kommen?

Die Weihnachtszeit nahte, wo die Gedanken mehr als vorher nach der Heimat lenken und ein Heimwehgefühl das Herz dessen beschleicht, der allein in der Fremde lebt. Er weiß, dass daheim die Eltern, Geschwister, die Geliebte seiner unter dem Christbaum inniger gedenken und ihn vermissen werden. Am Christtag ging ich ins Café Greco, wo die Post einen großen Stoß Briefe abgelagert hatte, aber für mich war keiner darunter; freilich war der Postenlauf damals ungeregelter; ein Brief aus Deutschland war acht bis zwölf Tage unterwegs, und geschrieben wurde mir ohnehin selten. (…)

So hatte ich den Christtag einsam zugebracht, denn die Gaststätten mussten um sieben Uhr geschlossen werden. – Am ersten Feiertag hatte ich den ganzen Tag fleißig gemalt und saß bei anbrechender Dämmerung noch vor dem Bilde, obwohl ich Pinsel und Palette längst weggelegt hatte, und war mit den Gedanken in der Heimat, nach der ich mit Wagner zum Frühjahr wieder zurückkehren wollte.

Ich schürte die Glut des Feuerofens, denn draußen wehte eine kalte Tramontana, und das Gebirge lag voll Schnee. So in der Zukunft schwärmend und die Vergangenheit der letzten Jahre bedenkend, durchströmte mich plötzlich eine seltsame, aber recht glückliche, friedensvolle Empfindung. Es war, als wenn ein Engel durchs Stübchen gegangen und einen Hauch seiner Seligkeit darin zurückgelassen hätte. Mir kam plötzlich mein Leben wie in einem großen, freundlichen Zug vor Augen, und ich glaubte, die unsichtbare Hand zu erkennen, die mich bisher so freundlich geleitet, die mich über all mein Erwarten mit Gütern erfüllt hatte, die mir eine Verheißung für die Zukunft waren. Zum ersten Male, vielleicht seit Jahren, konnte ich dankbar und innig freudig die Hände falten im Gebet, konnte beten so recht wahrhaft aus innerstem Antrieb, wie ich es vorher nie gekonnt.

Am andern Tag erfuhr ich, dass Oehme (ein Malerfreund) plötzlich heftig erkrankt sei, und da seine Wirtsleute sich nicht um ihn kümmerten – wie es in solchen Fällen die alte, gute Frau Mariuccia getan hatte –, so ging ich täglich mehrmals zu ihm. Hier traf ich auch den Landschaftsmaler Thomas und den Kupferstecher Hoff aus Frankfurt und Ludwig v. Maydell. (...)

Maydell hatte bei Oehme bereits eine Nacht gewacht, und wir verabredeten uns, damit zu wechseln. Am Silvesterabend, welchen die Künstler durch ein festliches Beisammensein zu feiern beschlossen, kam die Reihe des Nachtwachens wieder an mich. Wir trafen uns aber vorher bei unserm Patienten, welcher indes heute bedeutend besser befunden wurde und deshalb die Nachtwache entschieden ablehnte, da es nicht mehr nötig sei. Ich aber wollte wenigstens bis zehn Uhr bei ihm bleiben, worauf Maydell mir vorschlug, im Fall ich das Fest nicht besuchen wolle, das Neujahr in ihrer Gesellschaft abzuwarten, denn sie würden beisammen bleiben; einen guten Tee wolle er brauen und beschrieb mir das Haus, in dem er wohnte.

Als ich nun sah, dass Oehme gegen zehn Uhr eingeschlafen war, verließ ich seine Wohnung und suchte in dem bezeichneten Gässchen Maydells Wohnung. (...)

Bald saßen wir vier bei traulichen Gesprächen um den Tisch, rauchten unsern Olandino zum Tee und disputierten über einige neuere Kompositionen Maydells, welche er uns vorgelegt hatte. Es waren geistreiche Zeichnungen, neu und originell in der Erfindung, meist Gegenstände romantischer Natur, kräftig in Tusche und mit der Feder ausgeführt. Auch mehrere biblische Gegenstände waren dabei, die ebenso eigentümlich erfasst und in einem ernsten, großen Stil gehalten waren.

Ludwig Richter; Epiphanias (Zeichnung)

Nach dieser Kunstschau veranlassten wir Maydell, uns aus »Meyers Blättern für höhere Wahrheit«, welche er aus der Künstlerbibliothek geholt hatte, einen kleinen Aufsatz über den achten Psalm vorzulesen. Es war darin die Vermutung ausgesprochen, dass dieser Psalm wohl ein Nachtgesang sein möge, den David, der Hirtenknabe, beim Anblick des Sternenhimmels gedichtet habe, wenn er bei seiner Herde war:

Wenn ich schaue den Himmel, deiner Finger Werk,
Den Mond und die Sterne, die du bereitet –
Was ist der Mensch, dass du seiner gedenkest,
Und das Menschenkind, dass du dich seiner annimmst?

Ich habe keine Erinnerung von dem, was an jenem Abend gesprochen wurde; es war auch nichts einzelnes, was mich besonders tiefer berührt hätte; aber *den* Eindruck gewann ich und wurde von ihm überwältigt: dass diese Freunde in ihrem Glauben an Gott und an Christus, den Heiland der Welt, den Mittelpunkt ihres Lebens gefunden hatten und alle Dinge von diesem Zentrum aus erfassten und beurteilten. Ihr Glauben hatte seinen festen Grund im Worte Gottes, im Evangelium von Christo – der meinige, welcher mehr selbstgemachte Meinung und Ansicht war, schwebte in der Luft und war den wechselnden Gefühlen und Stimmungen unterworfen.

Still, aber im Innersten bewegt, hörte ich den Reden der Freunde zu und war mir an jenem Abend der Umwandlung nicht bewusst, die in mir vorging. Aber alle die kleinen, unscheinbaren Ereignisse der letzten Wochen und Tage hatten den Keim hervorgelockt, der so lange Zeit mit schwerer Erde bedeckt im Winterschlaf gelegen hatte; *einem* Sonnenstrahl mussten alle Knospen sich erschließen. Und Gott sei Dank, es geschah jetzt, obwohl ich erst am andern Tage mir dessen recht bewusst wurde. »Wenn der Herr die Gefangenen Zions erlösen wird, dann werden sie sein wie die Träumenden!«, so war es mir auch.

Und als nun das beginnende Geläute der Mitternacht den Schluss des alten und den Beginn des neuen Jahres verkündete und Thomas uns aufforderte, diesen Übergang mit dem alten, schönen Choral »Nun danket alle Gott« zu feiern (dem einzigen, welchen wir auch ziemlich auswendig wussten), so konnte ich recht freudigen Herzens mit einstimmen.

Oehmes Krankheit war der äußere Anlass gewesen, welcher uns zusammengeführt hatte; eine gemeinsame Geistesrichtung, die aus dem tiefsten Bedürfnis des Herzens kam, war in dieser Stunde hervorgetreten und hat uns für das ganze Leben treu verbunden bis ans Ende dieses Erdenlebens; denn sie ruhen nun alle, und nur ich, der jüngste von ihnen, bin der Überlebende und segne noch heute diesen für mich so bedeutsamen Silvesterabend.

Mein sind die Jahre nicht

Mein sind die Jahre nicht, die mir die Zeit genommen.
Mein sind die Jahre nicht, die etwa möchten kommen.
Der Augenblick ist mein und nehm ich den in Acht,
so ist der mein, der Jahr und Ewigkeit gemacht.

Andreas Gryphius

Johann Christoph Blumhardt

Christus kommt wieder

Eine Silvester-Andacht in Möttlingen am 31. Dezember 1911

Siehe, er kommt mit den Wolken

Ich bin gewohnt – von meinen Kindertagen an bis heute – auch in den Begebenheiten der Weltgeschichte, in den Entwicklungen des Menschengeschlechts, die so rasch in unseren Tagen vor sich gehen – immer zu sagen: »*Er kommt.*« Es ist mir das in vielen Zeiten der einzige Trost gewesen, da es mir bange werden wollte um die Völker der Erde in ihrer Barbarei, in ihrer Ungebildetheit, in ihrer Sünde und in ihrem vielseitigen Tode. Und es ist heute noch so, und es wird morgen so sein, dass ich in die Welt hineinsehe, in die Menschenwelt, mit dem freudigen Bewusstsein: Er kommt. Aber wir haben es nicht nur mit der Welt zu tun; wir haben es auch mit unserem eigenen Leben zu tun.

Jeder Mensch ist eine kleine Weltgeschichte, und jede Familie ist eine kleine Weltgeschichte. Und jedes Haus wie das unsrige ist eine kleine Weltgeschichte. Und da muss es anfangen, dass das Licht, welches in dem Wort liegt »Er kommt« uns über alles hinweghilft. Wir müssen es persönlich erfahren. Und ich freue mich, sagen zu können: Das Wort ist für mich durchaus keine bloße Glaubenssache. Sondern es hat sich auch in die Jahre hineingelegt, hat sich geschichtlich in unsere Zeit hineingelegt und hat sich begründet. So steht immerfort in den Entwicklungen unserer Gemeinschaft in allem – über der Haustür, in der Kirche und beim Essen – oben drüber: Er kommt. Das ist mir das Wichtigste in den 70 Jahren, seitdem ich lebe.

Es ist ja auch bei uns sonst allerlei Geschichte. Ich könnte auch eine Lebensgeschichte schreiben. Aber: Gott bewahre mich! Das sind vorübergehende Geschichten, davon nichts Bedeutung hat. Gewisse Dinge verändern sich. Da ist man von Möttlingen nach Bad Boll gezogen. Und da hat man gedacht, man habe sich auf die Hölle gesetzt. Ich könnte von Hunger und Nöten reden, aber auch von Überfluss. Doch das alles ist mir Nebensache; es sind vergehende, kaum bemerkenswerte Dinge. Aber das Kommen, das Kommen hat sich ganz charakteristisch vollzogen. Und es gibt Abschnitte in der Zeit und über der Zeit, da wir uns zugerufen haben: »Hast du es gemerkt? Hast du es gesehen? Er kommt!«

Das geschah in bangen, wehen Stunden, wo – menschlich gesagt – einem der Atem ausgehen wollte. Ich erinnere mich noch als Knabe an die Zeit, da in meinem Vater das Wort lebte: »Jesus ist Sieger.« Es ist dieses Wort der Grundton aus einer argen Kampfzeit, aus schweren und zum Teil düsteren Zeiten. Da hat man mit dem Glauben sich geholfen: »Jesus siegt.« Doch war das andere Wort »Jesus kommt« ein viel größerer Trost.

Wir werden errettet! Wir haben Hilfe! Was ist dann mit dem zeitlichen Geschehen? Das geht vorüber. Und wenn in dem Geschehen der Grundton sich bemerkbar macht: »Er kommt«, dann kommt alles in ein anderes Licht, dann werden Freud und Leid, dann wird auch das Heute, das sich an unsere Seite stellt, überwunden.

Ich stehe mit ganz besonderem Dank am Ende dieses Jahres. Es hat mich in den schwierigen Zeiten der Krankheiten – aber auch anderer Dinge, von denen ich nicht reden kann – immer wieder leise das Wort beschäftigt und hat mir in die Ohren gerufen: »Nur getrost! Er kommt.« Und so sah ich in den Krankheiten und allerlei schwierigen Verhältnissen immer nur auf das Eine: Das geht vorüber. *Er kommt.*

Ich lebe in der Zeit. Ich lebe nicht in einer Menschenzeit

mit Kriegen und Blutvergießen; ich lebe nicht in vergänglichen Dingen. Die rollen als solche an mir vorüber; sie verlieren sich aus dem Gedächtnis. Aber die Zeit, in welcher die Geschichte sich vollzieht: »Der Heiland kommt«, die bleibt unvergänglich. So stehe ich heute da mit großer Zuversicht und sehe auch das, was uns begegnet ist in diesem Jahr, von dem Gesichtspunkt aus: Er kommt! – Und wenn ich wieder gesund geworden bin, nachdem ich das Leben schon aufgegeben hatte, und ich wieder atmen konnte, so ist das Gesundwerden Nebensache. Aber: Er kommt!

Ich habe bis jetzt immer erfahren: So oft wieder etwas geschehen ist aus der großen, gewaltigen Macht. »Er kommt«, ist ein Ruck in mir geworden und auch in unserem Haus. Durch diesen Ruck hat das Vergangene schwinden dürfen. Wir gingen vorwärts.

Ich erinnere mich: Als ich in einer sehr schweren Zeit nicht mehr gewusst habe, wo ein und aus, da kam mir ganz stark ins Herz: »Besser wird's immer; schlimmer wird's nimmer; denn: Er kommt.« Er kommt mit Gutem in unser Herz hinein, kommt mit Gutem in unsere Umgebung. Er kommt in das viele Verkehrte, das wir uns vorgestellt haben; es schwindet.

In der Weltgeschichte um uns her könntet ihr Sorge und Angst haben. Es werden euch Gemütlichkeiten weggenommen und Sicherheiten des Lebens. Da denkt nur immer dran: Er kommt! Dann spürt ihr es auch bald in euren Herzen; es kommt in unsere Empfindungen, was für eine merkwürdige Geschichte in dem Wort steckt: »Er kommt.« – Ich bin überhaupt in den letzten Wochen dazu gekommen, dem lieben Gott zu sagen: »Wie gut haben wir es doch heute!« In früheren Jahrzehnten, zur Zeit meiner Geburt, war die schauderhafte Hungersnot, der Mangel am täglichen Brot, dass man sich oft nicht zu helfen wusste. Es ist vorübergegangen.

Ich rechne alles, was geschieht in unserer Zeit zu dem Kommen. »Er kommt mit den Wolken«, also nicht allein zu dir, zu mir, zu uns, zu dieser oder jener Gemeinschaft: Er erscheint den Menschen überall nach Gottes Rat und Willen, und zwar in ganz eigentümlicher Weise, ganz materiell (z. B. als das elektrische Licht anfing, unsere Stallungen zu erleuchten). Er kommt in der ganzen Entwicklung der Zeit.

Ich kann es nicht erklären, wie das »Er kommt wieder« in der Bibel gemeint ist. Meine Verbundenheit mit Gott hat mich ohne die Bibel auf dasselbe hingeführt: Ich und er, die Menschenkinder und er, die Völker und er. Es vollzieht sich von Gott aus in Menschen persönlich.

Das Leuchtende, das über unserem Haupt schon in Möttlingen sich gezeigt hat, dieser Stern, der uns erschienen ist, dieser Stern leuchte auch uns! Er spricht zu uns: »Er ist gekommen! Er kommt!« Und in diesem »Er kommt« überwinden wir alles, was uns auch begegnen mag.

Wie die Weisen

Wie die Weisen
prüfen und abwägen
beobachten und berechnen

Wie die Weisen
neugierig sein
und auf der Spur bleiben
auswählen und verwerfen

Wie die Weisen
suchen und aufspüren
und mit Freunden
ein Ziel vor Augen haben

Wie die Weisen
sicher sein und dem Stern folgen
nachfragen und auf Antwort warten

Wie die Weisen
Geschenke machen und anbeten
träumen und Gottes Weisung erfahren

Wie die Weisen
hören und entscheiden
aufbrechen und unterwegs sein

Wie die Weisen
sich nicht irre machen lassen
umkehren und den Weg ändern

Wie die Weisen
den König suchen und das Kind finden
den Herrn suchen und den Knecht finden

Wie die Weisen
nach den Sternen greifen
und den Menschen finden

Kurt Wolff

Joseph Wittig

Mariä Lichtmess

Es war Mariä Lichtmess. Einige fromme Frauen hatten Wachsstöcklein in die Kirche gebracht und am Altare weihen lassen. Sie hatten wohl auch daran gedacht, dass einst Maria ein solches Wachsstöcklein in den Tempel gebracht, das »Licht zur Erleuchtung der Heiden«, das Christuskindlein, zart und weiß wie Wachs, leuchtend und im Leuchten zerschmelzend wie Wachs.

Sie hatten das Wort des greisen Simeon gehört: »Deine Seele wird ein Schwert durchdringen«, und hatten gedacht, dass es jetzt mit dem weihnachtlichen Mutterglück Marias vorbei sei, und dass sich schon ganz zart und traurig die bittere Karwoche ankündige mit all ihrem Leid und Blut.

Und der Kantor oben auf dem Orgelchore hatte für diesen Nachmittag schon das rote Bändlein von der marianischen Antiphon der Weihnachtszeit ein Blatt weiter gelegt zu der Antiphon, die nun bis zur Karwoche darankommen sollte. Er tat es nicht gern, aber es musste nun einmal sein.

An Mariä Lichtmess liegt allen christlichen Leuten etwas in den Nerven. Sie sprechen es meistens nicht aus, aber man sieht es ja an ihren Gesichtern. Es ist der letzte Abschied von der Weihnachtszeit.

Als wir aus der Kirche nach Hause kamen, hatte die Mutter »im Ofenröhr« einen großen Streuselkuchen gebacken, und der Vater sagte: »Wir müssen heute die Krippe einreißen, denn die Weihnachtszeit ist zu Ende.« Da richteten wir alle unsere Augen zu dem herrlichen Krippenwerk an der Langseite unserer Stube. Sein Leben lang hatte der Großvater daran geschnitzt und gebaut. Ein Häuslein nach dem andern, ein Männlein nach dem andern, ein Schäflein nach dem andern war dazu gekommen, bis das ganze Werk so lang war wie unsere Stube. Und es war ein lebendiges Werk. Die Leute konnten sich drehen, die Windmühlenflügel bewegten sich, der Kuckuck rief, die Holzhacker hackten, und ein Hirt konnte seinen Kopf nach rechts und links wenden und die an ihm vorbeimarschierenden Schäflein genau beobachten. Doch davon habe ich ja schon erzählt. Nun sollte das alles »eingerissen« werden. Gewiss, der Vater tat dies nicht gern, aber es musste einmal sein, denn es kann nicht immer Weihnachtszeit bleiben. Und damit es nicht gar zu schwer werde, sollte es zur Vesper noch einmal Kuchen geben wie zu Weihnachten.

Wenn den Menschen etwas in den Nerven liegt, so zeigt sich dies bei manchen, indem sie ganz still werden und ein trauriges Gesicht machen, bei manchen aber, indem sie immerfort lachen oder weder Hände noch Füße ruhig halten können. Bei mir zeigte es sich an Mariä Lichtmess nachmittags, indem ich schrecklich viel Kuchen aß und mich immerfort auf das »Einreißen der Geburt« freute. Ich konnte kaum ruhig sitzen und saß nur deshalb ruhig und artig beim Kaffeetrinken, weil ich sonst nicht beim Einreißen hätte dabei sein dürfen.

Ich hatte auch in diesem Jahre wieder eine Anzahl Freundschaften mit den »Geburtsmännlein« geschlossen. Auch meine Schwester Hedwig, die in solchen Dingen immer mit mir tat. Da war zunächst ein Mann, der einen Korb mit Striezeln auf dem Buckel trug. Den hatte ich lieb. Meine Schwester dagegen meinte, eine Frau mit zwei Gänsen sehe der Tante Marie sehr ähnlich, und interessierte sich deshalb für sie. Jener Striezelmann und diese Tante zogen auf den Straßen von Bethlehem. Sie kamen aus einem Tore heraus, gingen die ganze Straße entlang und verschwanden dann in der Tür eines Hauses. Sie kamen nicht zur selben Zeit. Manchmal blieb das Werk stehen, wenn gerade der Striezelmann auf der Straße, die Tante Marie aber verschwunden war. Dann wussten wir uns lange Geschichten zu erzählen: Die Kinder des Striezelmannes würden verhungern müssen, weil der Vater mit den Striezeln nicht rechtzeitig zu Hause sein könne. Aber es sei doch besser zu verhungern, als dann beim bethlehemitischen Kindermord dabei sein zu müssen. Die Tante Marie aber werde unterdessen die Gänse schlachten, und wenn dann die Kindesmörder des Herodes kommen, werde sie gerade mit ihren Kindern Gänsebraten essen und den Mördern sagen: »Hier habt ihr ein Stück Gänsebraten.« Und wenn die Mörder von dem Braten äßen und nicht aufhören könnten, würde sie ihr Kleinstes aus der Wiege nehmen und ins Heu verstecken.

Über solchen Geschichten hatten wir bald alle Häuser von Bethlehem belebt. Wir dachten uns aus, wie es in dieser oder jener Stube aussähe, wer dort wohne und ob die Bewohner dort nicht bald herauskommen und zum Stalle gehen werden, um das neugeborene Kindlein anzubeten. Ja, wir mieteten uns selbst zwei Stüblein, ich eines über dem Stadttor, wo der Wachsoldat mit Säbel und Lanze auf- und abging und mir mit seinem ernsten Gesicht großen Spaß machte; meine Schwester eines in der Nähe der Stadtmauer, von wo man hübsche Aussicht auf den Hirtenberg und auf den Stall mit den Gloriaengeln hatte. Von diesen beiden Stüblein aus machten wir, wenn wir einander gut waren, gemeinsam, wenn wir aber einander böse waren, getrennt Ausflüge und Besuche und lernten mit der Zeit alle Hirten auf dem Berge und alle Leute in der Stadt kennen. Da brauchten wir kein »Kino« und kein anderes Theater, wie die Leute in der Großstadt, die keine ordentliche »Geburt« haben.

In den letzten Tagen vor Lichtmess hatte es sich aber gezeigt, dass unsere kleine Welt nicht für die Ewigkeit geschaffen, sondern für den nahen Untergang bestimmt war. Die Wetterfahnen, Kreuze und Halbmonde auf den Stadttürmen waren schon schief geworden, die Sterne am Himmel verloren ihre neue Vergoldung, von den Holzhackern streikte einer, aber mit erhobener Axt, der Kuckuck konnte beim Schreien den Schwanz nicht mehr heben, und eine ganze Straße war stehen geblieben. Der Vater war neugierig darauf, was an diesen Störungen schuld sein möchte. Und auch wir hatten die schöne Welt des Scheins satt und sehnten uns danach, einmal die Dinge, die wir bisher nur von vorn gesehen hatten, nun von hinten zu sehen. Wir kannten alle Personen und ihre Bewegungen, allen Schein des Lebens. Jetzt war es Zeit, auch einmal die Triebkräfte dieses täuschenden Lebens kennen zu lernen. Wie die großen und einzig richtigen Philosophen nichts sehnlicher wünschen, als dass einmal der äußere Schein dieser Welt vergehe und die innere Kraft und Wahrheit sichtbar werde, so verlangten wir danach, die Fäden, Schnüre, Wellen und Räder unseres Krippenwerkes zu sehen.

Als das letzte »Kuchenstreifel« gegessen, die letzte Tasse getrunken war, wurde der Tisch abgeräumt, denn wir brauchten ihn, um die Häuser und Figuren des Krippenwerkes darauf zu legen, sie abzuputzen und dann sorgsam in Kisten zu packen.

Noch ein letztes Mal wurde die Geburt in ihrer vollen Ausstattung aufgezogen. Es knatterte das eiserne Triebwerk, das auf dem Backofen stand und durch eine Strangleitung mit der Hauptwelle der Krippe, durch eine andere mit dem zentnerschweren Gewichtszug in der hohen Scheune verbunden war. Die Posaunen des Weltunterganges müssen etwas von dem Schauerlichen dieses Knatterns an sich haben.

Als mit der Kurbel das Gewicht bis unter das Dach der Scheune hochgezogen war, begann sich das eiserne Triebwerk zu bewegen. Der oberste Teil davon, die »Pleuder«, die mit ihren mächtigen Flügeln den Ablauf des Werkes verlangsamte und regelte, drehte sich und erzeugte zunächst ein leises Surren und einen sanften Wind, bald aber ein lautes Rauschen und einen großen Sturm, so dass sich die Vorhänge der Stube und unsere Haare bewegten. Dann ging eine Erschütterung durch die ganze Natur des Krippenwerkes, ein großes Seufzen entstand, ein Ächzen in allen Fäden und Schnüren, Wellen und Rädern. Wie trunken setzten sich die Figuren noch einmal in Gang. Nur die Engel im Stall, die durch ein eigenes kleines Uhrwerk angetrieben waren und den ganzen Tag über um das Christuskind schwebten, nahmen an dem Seufzen und Ächzen nicht teil. Die Tante Marie kam mit zwei neuen Gänsen und der Striezelmann brachte seinen hungernden Kindern nun endlich die Striezel. Die drei Könige beteten vor dem Gotteskinde ihr letztes Vaterunser, und die heilige Gottesgebärerin sagte noch einmal ihr Magnifikat. Die Engel über dem Stall schwebten leise hin und her und ließen auf ihrem Schriftband die Worte sehen: Gloria in excelsis deo et in terra pax hominibus bonae voluntatis. Und wir sollten dem Christuskinde noch einmal für alle Gnaden und Geschenke der Weihnachtszeit danken. Dann war das Gewicht bis zum Fußboden der Scheune gesunken. Das Spiel war aus.

Der Vater nahm nun zunächst das Jesuskindlein aus dem Stalle und hüllte es samt seinem Spitzendecklein in Seidenpapier ein und legte es in ein besonderes Kästlein. Auch den Stern tat er dazu; ebenso Maria und Joseph und die leicht zerbrechlichen Engelein aus dem Stalle. Dann stellte er die Hirten und Könige samt ihren Schafen, Hunden, Elefanten und Kamelen auf den Tisch zum Abputzen. Dann griff seine Hand nach den hohen Türmen der Stadt. Es waren viele Türme, fast alle so geschnitzt wie die Türme der Dorfkirchen mit ihren Durchsichten oder Laternen. Die Türme sinken zuerst, wenn eine Welt untergeht. Nach ihnen kamen die Häuser und Stadtmauern daran, und endlich die Moosdecke des Hirtenberges. Bald standen nur noch die »Bänke«, die als Straßen und Wege gedient hatten. Ein freier Blick nach dem andern öffnete sich auf das innere Werk, auf die hundert Fäden und Schnüre, Wellen und Räder.

»Vater, lass jetzt das Werk noch einmal gehen«, so bettelte ich, und der Vater ging zur Kurbel, und bald begannen die Fäden und Schnüre, die Wellen und Räder ihre Bewegungen. Meine Mutter putzte unterdes mit den Schwestern an den Häusern und Figuren auf dem Tische. Mein Vater aber und ich standen ganz still vor dem wunderbaren Spiel der Fäden und Schnüre, der Wellen und Räder, der Hebel und Stangen. Wir sahen den Grund alles Lebens, aber auch aller Störung, und beobachteten mit besonderer Freude, wie alle Figuren, welche oben auf den Straßen einherzogen, am Ende der Straße kopfüber unter die Straße gezogen wurden, bis sie am andern Ende der Straße wieder nach oben durften und nun wieder ganz stolz einhergingen, als wäre ihnen noch gar nichts Verkehrtes passiert. »Merk dir das!«, sagte der Vater.

Zuletzt wurden auch das Gerüst und das Triebwerk auseinander genommen und sorgfältig verpackt. In den dunklen Winkeln unter dem Strohdach war Platz für die ganze Weihnachtsherrlichkeit. Dort ruhten nun Mensch und Vieh, welche die Weihnachtswelt belebt, bis auf die Zeit, »da der Herr wiederkommt«, bis zum Advent. Ein stilles Warten war den ganzen Sommer über in diesen Kästen und Kisten. In der Ecke der Scheuer aber lag den ganzen Sommer über ein zentnerschwerer Stein mit einem eisernen Ring. Er war während der Weihnachtszeit einsam gewesen und hatte nichts von ihrer Herrlichkeit sehen dürfen. Ohne dass er wusste, was ihm geschah, war er immer wieder an Strick und Flaschenzug zum hohen Dachgebälk emporgezogen worden, von wo er mit seiner ganzen Schwere wieder nach der tiefen Tenne niederstrebte. In ihm hatten die tausend Kräfte, die in den Fäden und Schnüren, Wellen und Rädern wirksam waren, ihre Einheit. Auch in ihm war das stille, schwere

Warten den ganzen Sommer über bis zum Advent, »da der Herr wiederkommt«.

Immer muss ich wieder an Mariä Lichtmess denken. Die Gedanken dieses Tages sind mir zu Lebensgedanken geworden, sobald die Weihnachtszeit der Kindheit vorüber war. Gleich nach dieser Zeit beginnt Gott die erste Welt des Kindes einzureißen. Er tut es nicht an einem Nachmittage, denn er ist sehr langsam. Erst wenn der Abend des Lebens kommt, beeilt er sich. Ich muss ja gestehen, dass mir dieses Einreißen nicht immer gleich ein solches Vergnügen macht wie das Einreißen der »Geburt« am Lichtmesstage. Aber auch hier wird es wahr: So oft ein Stück von der äußeren Welt hinweggenommen wird, öffnet sich der Blick auf die inneren Triebkräfte. Fäden und Schnüre, Wellen und Räder, Hebel und Gestänge werden sichtbar. Und alles Zerstören und Einreißen ist nichts anderes als ein Aufbewahren bis auf den Tag, da der Herr wiederkommt. Das sollte noch im Credo stehen. Es steht darin, aber nicht deutlich, sondern nur wie in Zukunftsferne. Wir bekennen so gern den allmächtigen Gott den Vater, den Schöpfer und Auferbauer des Himmels und der Erde, aller sichtbaren und unsichtbaren Dinge. Aber ebenso wunderbar ist Gott in dem allmählichen Niederreißen seines Aufbaues. Wie die Welt des Scheines geworden ist, so vergeht sie wieder. Aber im Vergehen zeigen sich die Fäden und Schnüre, die Wellen und Räder. Und wer an Gott Freude hat, wird auch daran seine Freude haben wie ich am Lichtmesstage.

Freilich, beim eigenen Leben tut es oft so weh, dass von Schmerz und Tränen unser Blick getrübt wird. Da kommen die Freude und die Einsicht oft erst sehr spät nach. Klarer erkennen wir es, und mit freudigerer Erkenntnis beobachten wir es, wenn es sich um die geschichtliche Vergangenheit handelt. Das Studium der Geschichte hat ja weniger den Zweck, die vergangene Welt des Scheines in glänzenden

Darstellungen neu aufleben zu lassen, sondern vielmehr die Fäden und Schnüre, die Wellen und Räder sichtbar zu machen, die alles belebten und antrieben.

Ich glaube, dass Gott am Einreißen eine ebenso große, wenn nicht eine größere Freude hat als am Aufbauen, und dass es ihm da so feierlich und freudig zumute ist wie uns an Mariä Lichtmess. Aber ich glaube auch, dass er alles sorgfältig aufhebt, sobald er es auseinander genommen hat. In Kisten und Kästen schlummern die Figuren, welche die Welt des Altertums und des Mittelalters belebten, welche auf den Straßen einherzogen, welche zur Krippe eilten. Dort warten sie bis auf die neue Weihnachtszeit, bis der Herr wiederkommt.

Dann werden ein neuer Himmel und eine neue Erde aufgebaut. Wie der Vater das Jesuskind und die heiligen Figuren aus dem Stall der Krippe nicht zu den übrigen Bestandteilen des Krippenwerkes legte, sondern besonders aufhob, so hat der himmlische Vater den Gottmenschen nicht im Grabe liegen lassen, sondern zu sich in den Himmel genommen. Dasselbe glaubt das Volk auch von der heiligen Maria, dass ihr Leib nicht im Grabe ruhe, sondern bald nach dem Begräbnis in den Himmel aufgenommen sei. Auch von einigen Männern des Alten Bundes erzählt man sich Ähnliches.

Und wenn Gott auch die Welt deiner Jugendzeit oder gar schon die deines Mannesalters eingerissen hat, so glaube nicht, dass sie für immer zerstört sei. Es ist alles gut verpackt und aufbewahrt. Nichts geht davon verloren. Du darfst es nur den Sommer und Herbst über nicht mehr sehen. Aber es kommt die Adventszeit, in der alles neu vergoldet, geordnet und aufgestellt wird, »wenn der Herr wiederkommen wird!«

QUELLENNACHWEISE

Heinrich Albertz, Eine andere Weihnachtsgeschichte, aus: Martin Scharpe (Hrsg.), Eilige Nacht. Heiliger Tag. © 2001 by Radius-Verlag, Olgastr. 114, 70180 Stuttgart

Jean Anouilh, Das Lied vom verlorenen Jesuskind, aus: Jean Anouilh, Der Herr Ornifle. © by La Table Ronde; für die dt. Ausgabe: Langen Müller in der F. A. Herbig Verlagsbuchhandlung GmbH, München. Übersetzung aus dem Französischen von Franz Geiger

Catharina Bachem-Tonger, Das verschwundene Jesuskind, aus: Ach, du liebe Weihnachtszeit!. Brendow Verlag, Moers 2000

Heinrich Böll, So ward Abend und Morgen, aus: Heinrich Böll, Erzählungen. © 1994 by Verlag Kiepenheuer & Witsch Köln

Josef Brodsky, Im Streichholzlicht, zuerst veröffentlicht in der Frankfurter Allgemeinen Zeitung vom 23. Dezember 2000

Pearl S. Buck, An jenem Morgen, aus: Pearl S. Buck, Eine kleine Weihnachtsgeschichte. © by Langen Müller in der F. A. Herbig Verlagsbuchhandlung GmbH, München. Übersetzung aus dem Amerikanischen von Ursula Renate

Paul Claudel, Sei gelobt, mein Gott, aus: Paul Claudel, Gesammelte Werke. Band VI: Religion. Hrsg. von Edwin Maria Landau. Übersetzt von Maurice Aubry, Wilhelm Blechmann, Mater Maria Regina Brungs OSU, Hedwig Kehrli, Edwin Maria Landau, Herbert Meier und Hannah Szasz. Nachwort von Robert Grosche. © 1995 Carl Hanser Verlag, München/Wien

Julien Green, Tagebucheintrag vom 30. März 1959, aus: Tagebücher 1943–1954. © Paul List Verlag, München 1990

Klaus Haacker, saison-arbeiter, aus: Klaus Haacker, Grüße an Orpheus. © 1986 by Radius-Verlag, Olgastr. 114, 70180 Stuttgart

Peter Hahne, Eine Festung wird erobert/Ein Lied für Straßenkinder, aus: Peter Hahne, Frohe Weihnachten. © Copyright 1995 by Hänssler Verlag, 71087 Holzgerlingen

Manfred Hausmann: Steuermann Leiss, aus: Manfred Hausmann, Keiner weiß die Stunde. Erzählungen. Neukirchener Verlag, Neukirchen-Vluyn, 4. Aufl. 1979

Manfred Hausmann, Heilige Nacht, aus: Manfred Hausmann, Jahre des Lebens. Gedichte. Neukirchener Verlag, Neukirchen-Vluyn 1974

Hermann Hesse, Der Heiland, aus: Hermann Hesse, Sämtliche Werke. Band 10: Die Gedichte. © Suhrkamp Verlag, Frankfurt a. M. 2001

Hermann Hiltbrunner, Herr der Stunden, Herr der Tage, aus: Gesangbuch der evangelisch-reformierten Kirchen der deutschsprachigen Schweiz, Nr. 138 (1952)

Hanns Dieter Hüsch, Weihnachtswünsche, aus: Hanns Dieter Hüsch/Marc Chagall, Das kleine Weihnachtsbuch. © tvd-Verlag, Düsseldorf 1997

Rudolf Irmler, Das Jesuskind kehrt heim, aus: Rudolf Irmler, Weihnachten – daheim und draußen. Brendow Verlag, Moers 1975

Stuart Jackman, Dokumente aus der Geheimakte Davidson, aus: Stuart Jackman, Geheimakte Davidson. Brendow Verlag, Moers 1983

Walter Jens, Und ein Gebot ging aus, aus: Walter Jens, Die vier Evangelisten. © 2002 by Radius-Verlag, Olgastr. 114, 70180 Stuttgart

Martin Jürgens, vorweihnachtszeit, aus: Wolfgang Fietkau (Hrsg.), Doch von oben kommt er nicht. Peter Hammer Verlag, Wuppertal 2000

Ursula Koch, Einen Engel wünsch ich dir. © Brunnen Verlag, Gießen

Rolf Krenzer, Wann fängt Weihnachten an?. © Rolf Krenzer, Dillenburg, Rechte beim Autor

Johannes Kuhn, Glauben Sie an Engel?, aus: Johannes Kuhn, Weihnachten. © Hohenheim Verlag, Stuttgart/Leipzig 2002

Chiara Lubich, Plädoyer für Weihnachten, aus: Zum Geburtstag des Herrn, Verlag Neue Stadt

Kurt Marti, weihnacht/flucht nach ägypten, aus: Kurt Marti, geduld und revolte. die gedichte am rand. © 2002 by Radius-Verlag, Olgastr. 114, 70180 Stuttgart

Tilde Michels, Mister Santa, aus: Ach, du liebe Weihnachtszeit!. Brendow Verlag, Moers 2000

Fritz Mühlenweg, Der Christbaum von Hami, aus: Fritz Mühlenweg, Kleine mongolische Heimlichkeiten. Libelle Verlag, CH-Lengwil

René Peter, Advent, aus: Wolfgang Fietkau (Hrsg.), Doch von oben kommt er nicht. Peter Hammer Verlag, Wuppertal 2000

Adrian Plass, Tommys Brief ans Postamt, aus: Adrian Plass, Adrians neuer Adventskalender 2000, Brendow Verlag, Moers 2000

Josef Reding, Krippenrede für die 70er Jahre. © by Josef Reding, Dortmund

Joachim Ringelnatz, Einsiedlers Heiliger Abend, aus: Joachim Ringelnatz, Sämtliche Werke. © 1997 Diogenes Verlag AG, Zürich

Friedrich Schwanecke, Advent, aus: Wolfgang Fietkau (Hrsg.), Doch von oben kommt er nicht. Peter Hammer Verlag, Wuppertal 2000

Helmut Thielicke, Ungewöhnliche Leute vor der Krippe, aus: Helmut Thielicke, Der Christ im Ernstfall. © Verlag Herder, Freiburg i. Br., 4. Aufl. 1981

Kurt Tucholsky, Groß-Stadt – Weihnachten, aus: Kurt Tucholsky, Gesammelte Werke. © 1960 by Rowohlt Verlag GmbH, Reinbek bei Hamburg

Roland Werner, aus: Christus-Treff, Jesus-Gemeinschaft und Friends

Rudolf Otto Wiemer, Es müssen nicht Männer mit Flügeln sein, aus: Rudolf Otto Wiemer, Der Augenblick ist noch nicht vorüber. Kreuz Verlag, Stuttgart 2001. © Rudolf Otto Wiemer Erben, Hildesheim

Werner Wollenberger, Janine feiert Weihnachten, aus: Gertrud Mielitz (Hrsg.), Sei uns willkommen, schöner Stern. © Verlag Ernst Kaufmann, Lahr

In einigen Fällen war es nicht möglich, für den Abdruck der Texte die Rechteinhaber zu ermitteln. Honoraransprüche der Autoren, Verlage und ihrer Rechtsnachfolger bleiben gewahrt.

Wundernacht

Die schönsten Weihnachtsgedichte aus 500 Jahren

Ausgewählt von Norbert Schnabel

96 Seiten, Geschenkband, gebunden, Bestell-Nr. 224 746

Dieser Band versammelt die schönsten deutschen Weihnachtsgedichte. Enthalten sind viele altbekannte Klassiker – von Martin Luther, Paul Gerhardt, Conrad Ferdinand Meyer über Rainer Maria Rilke, Jochen Klepper, Rudolf Alexander Schröder, Manfred Hausmann bis hin zu Albrecht Goes, Marie Luise Kaschnitzt und Kurt Marti. Aber auch weniger bekannte Kleinode von Andreas Gryphius, Matthias Claudius, Novalis, Friedrich Hebbel, Rudolf Hagelstange, Georg Britting, Dagmar Nick u. a. wurden aufgenommen. Besinnliche und berührende, geistlich wertvolle und auch heitere Zeilen feiern die stillste und schönste Zeit des Jahres.